10대를 위한 내신 1등급 공략집

구슬쥬네
공부의 숲

10대를 위한 내신 1등급 공략집

구슬쥬네
공부의 숲

구슬쥬 지음

디션
에듀

꿈을 향해 열심히 달려가고 있는

소중한 _____에게

『구슬쥬네 공부의 숲』을 선물합니다.

최선을 다하는 하루하루가 쌓여

삶이 구슬처럼 반짝 빛날 날을 기대합니다.

뜨거운 응원을 담아,

_____드림

초대장

당신은 공부의 숲에
초대되었습니다!

공부의 숲에 모인 입주민 여러분, 반갑습니다. 공부의 숲 이장 구슬쥬입니다. 갑자기 초대장이라니, 깜짝 놀라셨죠?

이 초대장을 받은 특별한 여러분은 앞으로 이곳에서 저와 함께 각자의 개성을 지닌 '공부의 숲'을 가꾸게 됩니다. 입시까지 무탈하게 도달할 수 있도록 내신 성적 관리는 물론이고, 원만한 학교생활을 위한 각종 세부 능력들을 갖출 만반의 준비를 하게 될 거예요.

· 열심히 공부해도 성적이 잘 오르지 않아 속상했나요?
· 공부가 너무 재미없게 느껴져서 포기하고 싶었나요?
· 친구 관계에 대한 고민으로 머릿속이 복잡한가요?

학생이라면 반드시 맞닥뜨려야만 하는 공부, 때마다 시험도 봐야 하고 함께 웃고 즐겁게 대화하던 친구들과의 경쟁도 피할 수 없어요. 노력한 만큼 성적을 잘 받는 것도 쉽지 않고요. 공부하는 과정은 누구에게나 예외 없이 '하기 싫음'의 연속이에요. 저도 겪어봤기에 누구보다도 잘 알고 있답니다. 하지만 여러분, 이 힘겹고 외로우며 지루한 시간을 잘 버텨낸 사람이라면 어느샌가 훌쩍 성장해 있을 거예요. 장담할 수 있어요.

저, 『공부의 숲』 구슬쥬 이장이 여러분의 여정에 함께할게요.

잠깐 제 얘기를 하자면 현재는 12만 청소년의 공부 멘토로 활발하게 활동하고 있지만 십 대 시절에는 누구보다도 공부를 싫어했고, 포기하려던 순간도 여러 번 있었어요. 매 시험에서 노력한 만큼 만족스러운 성적이 나오질 않아 시험지를 들고 엉엉 운 적도 있답니다. 고등학생 때는 이 지긋지긋한 입시에서 벗어나 빨리 어른이 되고 싶었어요. 시간이 어찌나 더디게 흘러가는지 원망하면서요. 그런데 그때 문득 이런 생각이 머리를 스치고 지나갔어요.

'공부는 지금의 내가 꼭 넘어야만 하는, 충분히 정복 가능한 산일 뿐이다!'

그래, 어차피 피할 수도 물러설 수도 없는 산 중턱이라면 까짓것 넘어버리고 말지. 더 노력해 보지도 않고 지기는 싫었어요. 그래서 이를 악물고 버티고 또 버텼지요. '내가 이까짓 공부에 질 것 같아?' 속으로 외치며 버텼어요. 그랬더니 저 멀리 희미하게 보이던 산 정상이 점점 가까워지는 거예요. 고통은 찰나였고 이를 넘어서고 나니 어렵게만 생각되던 공부라는 산이 손에 잡힐 듯 가까이 다가오더라고요. 동시에 마음이 단단해짐을 느꼈어요. 그때 깨달았지요. 지금의 공부는 단순히 높은 점수만을 받기 위한 과정이 아니라 인생을 살아가는 데 필요한 강인한 마음을 기르는 여정일 수도 있다는 것을 말이지요.

지금 공부로 인해 마음속에 피어나는 불안, 좌절, 실패와 같은 감정은 살아가면서 수차례 다른 모습으로 등장한답니다. 어쩌면 그때는 더 날카롭게 여러분의 마음을 파고들어 상처를 낼 수도 있어요. 하지만 청소년기 공부하는 과정을 통해 내면을 단단하게 다져둔 사람이라면 나중에 어른이 되어 이런 감정들을 맞닥뜨려도 결코 쉽게 무너지지 않아요. '에이, 이 정도는 충분히 해낼 수 있어. 또 한 번 산을 넘어보자!' 하고 도전 정신을 발휘할 수 있게 돼요.

여기, 공부의 숲은 여러분이 지치고 힘들 때마다 들러서 다시 마음을 다잡길 바라며 제가 열심히 가꾼 힐링 숲이랍니다. 꿈을 향해 나아가는 모두를 위해 열린 공간이지요.

제가 일군 공부의 숲을 함께 산책하며, 여러분 각자의 숲을 가꾸시길 바라요. 우리는 개성 강한 구슬쥬네 마을 주민들이니, 모두 자신만의 멋진 숲을 일구고 가꿀 수 있어요. 제가 공개할 공부의 원리, 내신 향상 비법과 플랜, 즐거운 학교생활을 위해 반드시 갖춰야 할 필수 요소들을 통해 각자 스타일대로 자기만의 공부의 숲을 울창하게 키워 가시길 바랍니다.

우린 이제 한 배를 탔어요. 따로 또 같이 으쌰으쌰 고난을 헤쳐 나가요.

구슬쥬 이장과 함께 진정한 공부의 주인으로 거듭날 마을 주민 여러분을 다시 한번 진심으로 환영합니다. 자, 그럼 우리 함께 신나는 공부 모험을 떠나 볼까요?

 **구슬쥬 이장**

ZIP. 1

구슬쥬 이장으로부터 도착한 편지

ZIP. 2

공부의 숲 생존 무기를 획득하세요

ZIP. 3 공부의 숲 특화 공부법을 장착하세요

ZIP. 4

여러분의 고민을 해결해 드립니다

공부의 숲을 가꾸기 전
숙지하세요

총 3가지 공지 사항을 발표합니다.
숲을 가꾸기 전 꼼꼼히 읽고 숙지하세요.

공지 1번: 낙서하세요

여러분의 공부 방법을 채워 넣을 때 완성되는 이곳은 '공부의 숲'입니다. 이곳은 스스로 만들어 갈 때 비로소 완성되는 공간이에요. 그러니 적극적으로 낙서하세요. 글을 읽으면서 중요하다고 생각하는 문장은 형광펜으로 표시하고, 기록하고 싶은 부분이 있다면 볼펜으로 메모하세요. 마음속에 저장하고 싶은 문장이나 공부법이 있다면 자신의 플래너에 옮겨 적어도 좋아요. 공부의 숲은 눈으로 읽기만 할 때보다 저장하고 기록하고자 노력할 때 내 삶 속에 더 깊이 스며들어요.

배우의 대본을 보면 그가 작품을 얼마나 사랑하고 있는지 느낄 수 있어요. 눈으로 보고, 소리 내어 말하고 연습하며, 자신에게 특히 중요한 문장은 밑줄을 쳐가며 반복해 읽은 대본은 누가 봐도 티가 나요. 그렇게 애정을 담아 연습한 대본은 배우의 훌륭한 연기로 발산되지요.

『공부의 숲』을 여러분에게 주어진 대본이라 생각하고, 읽고 메모하세요. 또 나만의 문장이 있다면 저장하면서 일상에 적용해요. 공부의 숲을 가꾸며 여러분이 저장한 문장이 있다면 구슬쥬 이장에게 공유해도 좋아요. 인스타그램에서 @gong_joostudy를 태그해 공유하면 저도 함께 살펴볼게요.

 공지 2번: 읽고 싶은 부분 먼저 보세요

우리는 책을 읽을 때 앞 장부터 읽는 것에 익숙하지요. 하지만 그렇게 읽다 보면 앞부분만 10번 읽고 뒷부분은 안 읽게 되는 상황이 발생하기도 해요. 이 책은 여러분이 읽고 싶은 내용부터 골라 읽길 권합니다. 책을 완벽히 다 읽고 내 것으로 만들겠다는 다짐은 좋지만, 처음부터 완독을 목표로 하기보다는 차례를 쭉 본

다음 읽고 싶은 부분을 찾아 먼저 읽으셔도 됩니다. 그리고 해당 부분을 반복해 읽으며 책에 담긴 공부법과 마인드를 흡수하세요. 우선 나에게 필요한 조언부터 꼭꼭 씹어 먹는 거예요. 그다음에 다른 챕터로 넘어가요. 여러분의 눈길을 끄는 이야기부터 읽다 보면 어느새 한 권을 뚝딱 다 읽게 될 거예요. 진심을 담은 책은 계속 보고 싶어지니까요.

공지 3번: 지칠 때마다 자주 꺼내 읽어요

공부에 지치거나 학교생활에 고민이 생길 때마다 이 책을 꺼내 읽어요. 공부하기가 싫을 때 핸드폰을 들지 말고 이 책을 펼쳐 읽으세요. 책장 한 구석에 꽂아두는 게 아니라 눈에 잘 보이는 곳, 손이 닿는 곳에 두고 늘 함께하세요. 그렇게 한 장 한 장 읽고 내가 가고 있는 길을 돌아보며 답하다 보면, 다시 마음을 다잡을 수 있을 거예요. 여러분이 꿈을 향해 나아가는 데 이 책이 지도가 되어줄 테니까요.

지금 나의 강점이 무엇인지, 왜 공부하는지, 꿈으로 향해 가는 여정에 얼마만큼 도달해 있는지 등을 차곡차곡 이 책에 쌓으며 공부의 주인이 되어보세요.

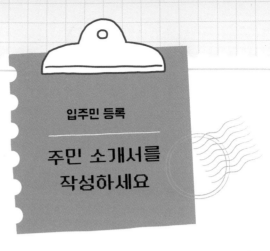

주민 소개서를 작성하세요

『공부의 숲』 입주민들의 필수 관문! 자신만의 공부 부캐를 만드는 시간이에요. 나의 개성을 듬뿍 담아 숲에서 활동하게 될 입주민의 모습을 그려보세요. 이 부캐는 현실의 내가 공부와 담 쌓고 씨름하는 동안 나 대신 공부의 숲을 지키며 공부해 나갈 거예요. 먼저 저를 소개할게요.

─────── 주민 소개서 ───────

이장님

🖋	이름	구슬쥬
💻	직업	Z세대 공부 습관 유튜버
📖	미션	공부의 숲 주민들의 탈출을 막아라!
📍	거주지	공부나라 마이쮸동 공부의숲 12길
♥	LIKE	고양이, 편지, 꽃, 시험 기간, 계획 세우기
📅	MBTI	INTP
⫷	보유 스킬	내신 점수 10점 올리기, 공부 체력 200% 증가, 학업 스트레스 데미지 감소
💬	TMI	공부 잔소리가 많은 편. 구슬쥬 영상을 보면 공부 의지가 불타올라 책상 앞에 앉게 되고, 실행하지 않는 자에게는 '마녀쥬쥬'로 변신해 반성문을 쓰게 한다는 소문이 있음.

< < < < < < < < < < < < < < < < < < < < < < < < < < < <

다음 페이지에 계속

입주민 등록

주민 소개서를
작성하세요

──── 주민 소개서 ────

🌱 이름

📷 직업

📚 미션

📍 거주지

♥ LIKE

📅 MBTI

🆔 보유 스킬

✉ TMI

< < < < < < < < < < < < < < < < < < < < < < < < < < <

자.나.깨.나.공.부.의.숲.
꺼.진.공.부.다.시.보.자.

처음부터 공부가 재미있고 잘하는 사람이 있을까요? 구슬쥬 이장도
밤새 공부해도 실력이 제자리걸음이라 눈물 흘리는 날이 많았어요.
우여곡절 끝에 자신의 꿈을 이루고 있는 구슬쥬 이장의 성장 스토리를 들려줄게요.

ZIP. 1

구슬쥬 이장으로부터
도착한 편지

수업도 못 따라가는 바보

저에게는 한 살 어린 여동생이 있어요. 초등학교와 중학교는 물론, 학원까지 같은 곳을 다녔지요. 초등학교 고학년이 되면서 저희 자매는 처음으로 영어 학원을 등록하게 되었어요. 그 학원에 들어가려면 레벨 테스트부터 봐야 했는데, 저는 가벼운 마음으로 시험을 봤지요. 아무리 못해도 당연히 동생보다는 제가 더 높은 점수를 받을 거라 예상했으니까요. 그런데 결과는 예상 밖이었어요. 동생보다 제가 더 낮은 점수를 받는 처참한 결과를 마주하게 된 것이지요. 어머니와 면담을 마친 학원 선생님이 걱정되는 표정으로 저만 슬쩍 부르시더군요.

"테스트 점수대로면 주희 학생은 동생과 같은 반에서 수업을 들어야 해요. 그런데 주희 학생이 언니로서 자존심이 상할 수도 있으니 동생보다 한 단계 높은 반으로 배정할게요. 그 대신 동생보다 더 열심히 공부하기로 약속해요."

처음에는 선생님의 배려에 감사했지만 이는 지옥의 시작이었습니다. 수업 진도를 제대로 따라갈 수 없었거든요. 수업 내용이 이해되지 않는 건 물론이고, 기본적인 영어 단어를 암기하는 것도 벅차서 매일 혼자 교실에 남아 나머지 공부를 해야 했어요. 언제부터인가는 수업 진도를 따라가는 것을 포기하고 시간만 채우다 오기 일쑤였어요. 학원에 출석한 것만으로 해야 할 공부를 끝낸 기분이었어요. 성적이 오르는 재미를 느껴본 적이 없으니 의욕이 생기지 않았지요.

그렇게 어영부영 학원을 다니다 보니 어느새 중학교 1학년이 끝나갈 무렵이 되었습니다. 여느 때와 같이 학원 버스를 기다리며 집 앞에 서 있었는데, 문득 이런 생각이 들더라고요.

'이렇게 학원을 계속 다니는 게 무슨 의미가 있지?'

학원을 오가는 데 쓰고 있는 시간이 아깝게 느껴졌습니다. 2년 가까이 다니면서 아무런 재미도 실력 향상도 경험할 수 없었기에 이걸 언제까지 계속해야 할지 막막했어요. 학원을 그만두고 제게 맞는 새로운 공부 방식을 찾고 싶다는 생각이 간절해졌어요. 학원 수업에 따라가기 급급한 공부가 아니라, 스스로 주도하고 탐색하는 공부가 무엇인지 궁금했어요.

곧장 이런 뜻을 부모님께 말씀 드렸는데, 당연히 부모님은 반대하셨습니다. 학원 수업도 제대로 못 따라가는데 혼자 공부하면 더 뒤처질 거라 생각하셨겠지요. 힘들어도 학원에 꼬박꼬박 출석해서 수업 진도를 따라가려고 노력해야 친구들과 그나마 실력을 견줄 수 있다고 생각하셨어요.

그래도 학원 공부에 늘 회의감을 느껴온 저는 포기하지 않고, 공부 계획표를 만들어 부모님께 보여 드리며 열심히 설득했습니다. 우선 딱 한 달만이라도 인터넷 강의로 공부해 보고, 만약 나태해지거나 학원 공부가 더 맞는 것 같다면 부모님의 뜻대로 하겠다고 약속했지요. 저의 굳센 의지에 부모님은 결국 저의 새로운 도전을 허락해 주셨습니다. 제가 좋아하는 시간인 수학 과외 1개(일주일에 2번, 2시간씩)를 제외하고는 그때부터 모두 인터넷 강의를 활용해 공부하기 시작했어요.

혼자 공부의 서막

학원에서 보내는 시간이 지옥이었다면, 혼자 인터넷 강의로 공부하는 순간은 천국의 시작이었습니다. 수준에 맞는 강의를 골라 들으니 그동안 몰랐던 개념들이 머릿속에 착착 들어오더라고요. 지식이 차곡차곡 쌓이는 느낌을 처음 받았지요. 지금껏 경험해 보지 못한, 진짜 공부하는 기분이 들었어요. 공부하는 내용이 나에게 곧바로 흡수되고 있다고 느껴지니까 공부가 재밌어졌어요. '그동안 내가 헛공부를 했구나. 혼자 하는 공부를 왜 이제야 시작했을까…….' 하는 아쉬움을 뒤로하고 뒤처진 실력을 만회하고자 더 열심히 공부했습니다.

부모님은 혹시나 제가 학원을 끊으면 통제력을 잃을까 봐 걱정하셨지만 오히려 저는 혼자 공부하면서 스스로 조절할 수 있는 힘이 생겼어요. 초반에는 공부량을 가늠하지 못해 하루 계획을 무리해서 세우기도 했지만, 점차 적절한 학습량과 속도를 파악해 가면서 저만의 플래너 공식을 만들었어요. 이전에는 '학원만 다녀오면 끝!'이라고 생각해서 집에 돌아와 공부 생각을 바로 접었다면, 이제는 몇 시부터 몇 시까지 어떤 강의를 듣고 어떤 공부를 할지를 스스로 고민하면서 하루를 온전히 공부로 채울 수 있었습니다.

　물론 혼자 하는 공부가 순탄하지만은 않았어요. 한 달 정도가 지나니 점점 나태해지더군요. 꼭 시간 맞춰 가야 하는 학원도, 옆에서 함께 공부하는 친구도 없으니 어떤 날은 아예 공부를 건너뛰는 날도 생겼어요. 처음에는 하루만 쉬어도 큰일이 나는 줄 알았는데, 이것도 몇 번 반복되니 어느새 이삼일은 공부 생각 없이 훌쩍 흘려보내게 되었습니다.

　그러던 중 '이렇게 가다가는 학원에 다니는 것과 다를 바 없겠다!' 하는 생각에 다시 정신을 차리고 새로운 동기부여 방법들을 찾고 시도하기 시작했어요. 공부 공간을 바꿔보기도 하고, 같이 공부할 친구를 구하거나 중간중간 스트레칭 시간을 넣어보기도 했습니다. 그렇게 이런저런 다양한 시도를 하면서 저에게 맞는 자습 루틴과 동기부여 방법들을 하나씩 찾을 수 있었어요.

　혼자 하는 공부의 또 한 가지 문제점은 멘토가 없다는 것이었습니다. 내가 제대로 공부하고 있는 게 맞는지, 지금 내 상황에서 어떤 공부가 필요한지를 물어보고 조언을 구할 대상이 없었어요. 문제를 풀다가 모르는 건 학교 선생님께 여쭤보면 되지만 올바른 공부 방법이나 방향은 바로바로 조언을 구할 수 없어서 막막하더라고요.

그래서 '우선 학교 수업을 완벽하게 흡수하는 나만의 공부 방식을 찾자'라는 목표를 세웠습니다. 학교 수업을 집중해서 듣고 집에 돌아오면 그날 배운 내용을 복습하면서 제 것으로 완벽히 소화시키려 노력했어요. 수행평가를 받으면 인터넷으로 관련 정보를 샅샅이 수집한 다음 저만의 언어로 정리했고요. 시험 기간이 다가오면 제 공부 루틴에 맞는 계획표를 세워서 시험을 체계적으로 대비했습니다. 비록 옆에서 공부 방법을 알려주는 멘토는 없지만 스스로 직접 부딪히면서 나에게 맞는 공부법을 발견하고 익숙해졌어요.

　　이렇게 꾸준히 고민하고 다양하게 시도해 보면서 비로소 스스로 공부하는 힘을 기르기 시작한 것이지요.

노력해도 안 되는 공부

중학교 1학년 국어 시험 시간이 아직도 선명하게 기억납니다. 성적을 올려보고 싶다는 생각에 한 달 동안 매일 독서실에 다니면서 문제집을 3권이나 풀었고, 심지어 시험 전날에는 밤을 새서 공부했어요. 최선을 다해 준비한 만큼 시험에서 좋은 성적을 받으리라는 자신감도 생겼지요.

"시험 시작합니다. 보던 거 가방에 모두 넣으세요."

시험 당일, 떨리는 마음을 안고 시험지를 받았어요. 열심히 공부했으니 문제가 술술 풀릴 거라 생각했지요. 그런데 웬걸. 첫 문제부터 지문이 잘 읽히지 않았어요. 분명 어제 새벽까지 공부한 내용인데도 선지를 보니 헷갈렸어요. 다음 문제로 넘어가도 상황은 마찬가지였습니다. 모르는 문제를 연달아 마주하면서 마음이 조급해지고 손까지 떨리기 시작했어요. 문제를 찬찬히 다시 읽고 머리를 쥐어짜며 고민해 봐도 답이 떠오르지 않았습니다. 속절없이 흐르는 시간과 도무지 풀리지 않는 문제들이 원망스러울 뿐이었지요.

"시험 종료 10분 남았습니다."

다른 친구들은 마킹까지 마치고 책상에 엎드려 있었지만 아직 못 푼 문제가 많았던 저는 시간 내에 답안지를 제출하기 위해 답을 찍느라 바빴습니다. 그렇게 OMR 카드를 허겁지겁 제출하고 나서야 긴장이 스르륵 풀렸지요.

시험을 마치고 저는 허무감과 좌절감에 휩싸였습니다. 열심히 노력하면 안 되는 것이 없다고, 늘 성실하게 살아야 한다고 배웠지만 공부한 만큼 점수가 나오지 않으니 혼란스러웠지요. 시험을 열심히 준비하느라 고생했다는 뿌듯함이 아니라, 나는 아무리 노력해도 안 된다는 자책감만 커졌습니다.

그렇게 받은 시험 결과는 55점. 우리 반에서 가장 성실하게 공부하는 학생으로 뽑힐 만큼 열심히 공부했는데 성적이 그만큼 나오지 않으니 당시 우리 반 담임 선생님이셨던 국어 선생님께서 저를 교무실로 부르셨습니다.

"주희야, 시험 준비를 제대로 못 했니? 성적이 왜 이렇게 낮게 나왔을까?

그 물음에 차마 '열심히 공부했는데 점수가 잘 안 나왔어요.'라고 답할 수는 없었습니다. 창피하고 속상한 마음에 아무 말도 하지 못했어요. 교무실을 빠져나와 화장실에 가서 하염없이 눈물을 흘렸습니다. 우는 모습을 친구들에게 들키지 않으려고 천장을 보며 눈물을 식히고 조용히 숨을 내쉬었지요.

그날의 학교 수업을 모두 마치고 집으로 돌아가는 길, 공부를 포기해야 할지 고민되었습니다. 최선을 다해 열심히 공부해도 고작 반타작하는 수준이니 공부는 내 길이 아니라는 생각이 들었지요. 하지만 그렇다고 해서 예체능에 특출난 재능도 없는 제가 그나마 노력해 볼 수 있는 분야는 결국 공부뿐이었습니다. 이 현실 또한 제게 비참함을 느끼게 했지요. '도대체 내가 잘할 수 있는 건 뭐야?' 하는 고민이 계속되었습니다. 이때는 몰랐어요. 이런 생각이 저의 철저한 착각이었다는 사실을요. 공부는 '열심히'가 아니라 '올바르게' 해야 한다는 진리를 이때는 깨닫지 못했던 거지요.

실패가 남긴 2가지

시험을 준비한 과정

① 문제집을 3권이나 풀었음.

↓

막상 시험 때는 그 내용이 기억나지 않음.

↓

문제를 대충 풀고 진도를 나가기에만 급급했기 때문임.

↓

틀린 문제는 꼼꼼히 다시 풀면서 정리해야 함.

② 시험 전날 새벽까지 무리해서 공부함.

↓

시험 당일, 두뇌 회전이 잘되지 않고 지문이 잘 읽히지 않음.

↓

시험 전날에는 공부 시간을 적절히 조절해야 함.

'왜 성적이 내 생각만큼 잘 나오지 않았을까?'

자괴감에 빠져 있던 마음을 가다듬고 공부의 시작점부터 다시 고민하기 시작했어요. 제가 시험을 준비했던 과정을 토대로, 성적이 잘 나오지 않은 이유를 왼쪽 그림과 같이 다이어리에 쭉 적어 내려갔어요. 그리고 이번 시험공부가 실패한 이유를 고민하고 분석해 봄으로써 앞으로의 공부에서 가장 중요하게 작용할 2가지 요소를 발견하고, 다음과 같이 공부 방향을 정할 수 있었어요.

'올바른 공부 습관을 찾고 나만의 생활 습관을 만들자.'

이전에는 많은 문제를 풀어보는 게 곧 공부를 많이 한 것이라는 생각을 고집했지만, 이제는 그 공부 방식이 잘못된 것임을 깨달을 수 있었어요. 많은 문제를 푸는 것보다 중요한 건 알고 있는 개념을 '한 곳(교과서)으로 정리'하는 과정이었어요. 문제를 풀 때 선지를 꼼꼼하게 따져가며 정확히 개념을 인지한 다음 교과서와 같은 주 학습 교재 한 곳에 정리하는 패턴으로 공부하니, 평소보다 문제를 적게 풀어도 시험 적중률은 훨씬 높아졌어요.

이전에는 '문제집을 풀면 공부한 것'이라고 단순하게 생각했지만, 여기서 더 나아가 내게 부족한 부분을 파악하고 보완해 나가는 단계를 추가했어요. 문제를 풀면서 내가 빠뜨렸거나 헷갈리는 개념이 무엇인지를 찾았지요. 이렇게 배운 내용을 꼼꼼히 정리한 뒤 암기하는 습관을 들이니 내신 점수가 점차 올라가기 시작했어요.

　또 나만의 올바른 생활 습관을 찾기 위해 우선 밤샘 공부를 멈추었어요. 밤새 공부하면 왠지 공부를 많이 한 것 같고 성실한 학생이 된 것 같은 기분이 들지만 이런 식의 공부는 엄청난 독이었어요. 밤샘 공부를 하려고 마음먹은 날에는 아직 공부할 시간이 많이 남았다는 생각에 핸드폰도 자주 꺼내서 들여다보고 야식을 먹으면서 시간을 보내기도 했어요. 결국 컨디션 조절 실패! 시험 당일에는 전날 공부한 내용도 헷갈려서 실수도 했지요.

　이러한 공부 습관은 저에게 맞지 않다는 생각에 '시험 전날에는 밤 12시, 늦어도 새벽 1시까지만 공부한다.'라는 기준을 세웠어요. 그 대신 시험 당일에는 오전 5~6시쯤 일어나 그날 시험 볼 내용을 최종 점검하고 등교하는 루틴을 만들었지요. 처음에는 아직 더 공부하다 잠에 들어야 할 것 같은 불안한 마음이 들었지만, 다음 날 아침에 맑은 정신으로 공부하니 능률이 더 높아지는 느낌이 들어서 꾸준히 실천할 수 있었어요.

공부로 되찾은 자신감

그렇게 차곡차곡 나만의 공부 습관을 만들며 실력을 쌓다 보니 점차 성적도 향상되었어요. 열심히 공부해도 중상위권에만 머물렀던 성적이, 중학교 3학년 첫 중간고사에서는 무려 반에서 3등까지 올랐지요. 난생 처음 받아본 높은 등수에 저는 물론 반 친구들도 모두 놀랐어요. 어떤 인터넷 강의를 듣고 어떤 문제집을 푸는지, 어떻게 혼자 공부해서 상위권 성적을 받았는지 묻고 신기해했지요.

이때가 비로소 저의 공부법에 확신을 갖게 된 순간이었던 것 같아요. 성적표가 '그동안 인터넷 강의를 활용하고 자기 주도 학습을 해온 당신의 공부 과정이 옳았습니다!' 하는 뜻에서 받은 훈장처럼 느껴졌어요.

이렇게 저에게 맞는 공부법을 끊임없이 고민하고 시도하면서 성적을 높이는 노하우를 쌓아갔어요. 필기 규칙, 암기법, 시간 관리법, 내신 자료 사이트 등 저만의 방법을 터득했지요. 그리고 마침내 중학교 3학년 마지막 시험에서는 수학과 과학은 전교 1등, 국어는 전교 6등이라는 만족스러운 성적을 받고 마무리할 수 있었습니다.

물론 그 과정이 결코 순탄하지만은 않았어요. 마킹 실수로 아는 문제를 억울하게 틀리거나, 갑작스러운 맹장 수술로 가까스로 시험 전날 퇴원하는 등 크고 작은 시행착오를 겪었지요. 그래도 멈추지 않고 계속 나아갔습니다. 꾸준히 나만의 올바른 공부 방식을 찾고 터득하고 연습했어요.

변한 건 성적만이 아니었어요. 공부를 생각하는 마음가짐도 달라졌지요. 남이 시키는 공부가 아닌, 스스로 가꿔나간 공부였기에 자신감이 생겼어요. '앞으로 고등학교 공부도 이렇게 쭉 해나가면 되겠구나!' 하는 확신을 얻었어요(이렇게 꾸준히 훈련한 덕분에 실제로 고등학생 때도 줄곧 전 과목 내신 1~2등급을 유지했지요).

그러니 여러분도 충분히 할 수 있습니다. 열심히 공부해도 기대만큼 성적이 오르지 않아 걱정하고 있나요? 여러분은 공부하는 방식을 아직 모를 뿐이에요. 공부를 포기하려 했던 제가 전교 1등으로 당당히 올라선 것처럼, 지금부터 여러분만의 올바른 공부 습관을 찾아 터득하고 실천한다면 모두 원하는 목표를 이룰 수 있어요.

수시? 정시? 선택의 기로에 서다

고등학생이 되니 지금까지와는 전혀 다른, 새로운 유형의 시험을 보더군요. 바로 '모의고사'였지요. 학교 내신 공부에만 집중해 온 저에게 모의고사는 또 다른 장애물이었어요. 아무도 '고등학생 때는 모의고사라는 시험 유형을 접하게 되니 미리 준비해야 해.'라고 말해주지 않았으니까요.

막막함에 잠시 고민에 빠졌던 저는 우선 인터넷을 켜서 대학 입시 유형에 대해 조사하기 시작했어요. 대학에 가려면 모의고사 공부가 필수인지, 앞으로 어떻게 공부하고 준비해야 하는지를 검색하며 전략을 세우기 위해서였어요. 그렇게 정보를 샅샅이 찾아보니 희망이 보였어요. 대학 입시 전형에는 모의고사와 같은 시험 유형인 '정시' 외에 내신 점수를 기반으로 보는 '수시' 전형이 있던 것이지요. 그렇게 저의 장점이자 자신 있는 분야인 내신 공부에 집중해서 수시 전형을 준비해야겠다는 목표를 정했어요.

대부분의 학생이 학원의 도움을 꾸준히 받는 상황에서 저 혼자 공부하며 불안한 마음이 아예 없었다는 건 거짓말이에요. 하지만 인터넷 강의를 중심으로 자기 주도 학습을 하며 단 한 가지 확신할 수 있었던 것은 '시간의 주체는 나 자신'이라는 점이었어요. 고등학교에서 주어진 3년이라는 시간 안에 정시(모의고사 공부)와 수시(내신 공부) 2가지를 모두 완벽히 잘 해내기란 정말 어렵거든요. 학원을 다니더라도 자신에게 필요한 공부가 정시인지 수시인지를 모르면, 시간을 허비하게 되는 걸지도 몰라요.

저는 수시 전형을 목표로 정했기에 내신 공부 시간만큼은 그 어떤 유혹이 와도 타협하지 않겠다고 다짐했어요. 예를 들어 내일이 모의고사 날인데 2주 뒤가 중간고사 첫날이라면, 대부분의 학원에서는 작년 모의고사 시험지를 나눠주며 풀어보라고 권해요. 그런데 저는 내신 성적을 잘 받는 게 목표이니 모의고사를 준비하지 않고 내신 공부에만 집중했어요. 물론 모의고사 당일에는 시험에 최선을 다했지만 시험을 마치면 다시 내신 공부에 몰입했지요. 그렇게 수시 전형이라는 분명한 목표를 향해 열심히 달린 결과, 고등학교의 최종 내신 성적을 1.2등급이라는 만족스러운 성적으로 마무리할 수 있었어요.

고3이 되어 지원할 대학교와 학과를 정할 때, 부모님과 학교 선생님들은 모두 교육대학교를 추천하셨어요. 비교적 안정적인 직업인 선생님이 되기를 바라셨지요. 하지만 저는 공부보다는 예술을 하고 싶었어요. 나만의 창작물을 만들고 새로운 길을 개척하면서 저만의 무대를 펼치고 싶었어요. 무엇보다 저의 관심 분야인 공연을 직접 기획하고 싶다는 생각에 연극영화학과에 5개의 원서를, 마지막 하나는 창작 활동이면서도 저의 내신 성적을 잘 살릴 수 있다는 선생님의 설득에 의류학과를 지원했어요. 그런데 애석하게도 1순위로 지망했던 연극영화과는 모두 떨어졌고, 못내 아쉬운 마음을 안고 의류학과에 입학하게 되었습니다.

대학교 자퇴 선언

'인생은 선택의 연속이다'라는 말을 들어보셨나요? 저에게는 대학 입학 후 얼마 지나지 않아 선택과 고뇌의 순간이 찾아왔습니다. 학교 수업을 듣는데 '나는 지금 공연을 만들고 있어야 하는데……'라는 생각이 자꾸 들더라고요. 의류학과에서의 배움도 분명히 흥미롭고 의미 있었지만, 공연 기획에 대한 갈망이 계속 피어올랐어요. 의류학과도 창작 활동이라는 맥락에서는 연극영화학과와 같은 선상에 있는 것이었지만, 공연 기획자라는 꿈이 계속 눈앞에 아른거렸지요. 그래서 결심했습니다. 나중에 더 크게 후회하지 말고 연극영화학과로 반수를 하자고 말이지요.

고등학교 때 내신 성적을 잘 준비해 둔 덕분에 저의 1지망이었던 한양대학교 연극영화학과에 수월하게 입학할 수 있었습니다. 저만 길을 돌고 돌아 온 줄 알았는데, 막상 입학해 보니 좋은 학교를 다니다가 자퇴하고 저처럼 새로운 꿈을 품고 연극영화과에 온 친구가 꽤나 많더군요. 그만큼 인생에 도전을 이어가는 사람이 많다는 뜻이겠지요.

연극영화과에 입학 후 관련 분야에 관해 배움을 쌓고 공연을 만들어 가는 과정은 참 재미있었어요. 그런데 그곳은 저처럼 연극 연출에 관심이 많고 재능 있는 친구들이 많이 모인 곳이다 보니 자꾸 비교하게 되더라고요. 뛰어난 아이디어로 주변 사람들을 놀라게 하는 친구들을 보면서 자신감이 떨어졌고, '과연 내가 이 분야에서 남들과는 다른 차별성과 존재감을 드러낼 수 있을까?' 하는 의문이 들었어요.

그래도 '현재의 상황에 최선을 다하자'라는 저만의 철학을 지키고자 학교 수업을 열심히 들었어요. 높은 학점을 받은 덕분에 상위권 학생들에게만 기회가 주어지는 교직이수 과정도 받게 되었지요. 중고등학교의 연극 선생님이 될 수 있는 기회까지 얻으면서 미래를 준비한 것이었어요.

하지만 현재에 최선을 다하는 것과는 별개로 미래의 꿈을 위해 고민하는 시간이 필요했어요. 꿈을 찾는 시간을 갖기 위해 대학교 2학년 때 학교를 잠시 휴학하기로 결정했지요. 그 시간 동안 다양한 대외활동을 찾아 경험하면서 견문을 넓혔어요. 문화체육관광부 기자단, 서울국제공연예술제 스태프, 삼성카드 학생 멘토, 연극 기획 보조 강사, 한양대학교 입학처 소속 강연자 등 짧게는 3개월부터 길게는 2년까지 이어지는 활동들에 참여했어요. 이 과정에서 제가 가진 재능으로 어떤 멋진 도전을 이어갈 수 있을지 고민을 거듭했고, 어느 날 문득 이런 생각이 떠올랐어요.

'유튜브를 시작해 볼까?'

다양한 프로젝트 중에서 유튜브를 활용한 활동에 큰 흥미가 생겼고, 잘하고 싶다는 욕심이 생겼어요. 게다가 유튜브는 연극영화 학과에서 배운 기획, 편집, 연기, 연출을 동시에 연습할 수 있는 기회라고 생각했지요. 그렇게 유튜버 '구슬쥬'가 탄생했습니다. 시작할 때는 '유명한 유튜버가 되겠다!'라는 큰 포부가 없었어요. 단지 저만의 창작 연습장으로 활용해야겠다는 소소한 생각으로 시작했지요. 그런데 꾸준히 영상을 기획하고 창작해 나가면서 저만의 가치관이 점차 뚜렷해졌어요. 새로운 분야에 도전하고 전문성을 띠게 되면서 어느새 지금은 어엿한 12만 구독자를 둔 유튜버 구슬쥬가 되었네요.

어쩌면 제가 그토록 찾고 꿈꾸었던 무대는 연극 무대가 아닌 유튜브 무대였을지도 모르겠어요. 지금은 제가 걷고 있는 길이 정말 즐겁고 뿌듯해요. 청소년 친구들과 소통하고 콘텐츠를 만드는 일은 제가 재미있고 잘할 수 있는 일이라는 사실을 발견했지요. 좋아하고 잘하는 일을 20대 중반에 발견했다는 건 큰 행운이에요.

저를 잘 모르는 사람들은 제가 처음부터 하고 싶은 일을 잘 찾아서 우여곡절 없이 순탄하게 꿈을 이룬 것으로 생각할지도 몰라요. 하지만 지금까지 구슬쥬의 성장통을 들어온 여러분은 결코 쉽게 이루거나 수월한 여정이 아니었음을 깨달았을 거예요. 물 밑에서 열심히 발길질하는 우아한 백조의 모습처럼 말이지요. 여러분도 좋아하고 잘하는 일을 발견하기 위한 발길질을 멈추지 마세요. 그러다 보면 반드시 행운과 같은 순간을 만날 수 있을 거예요.

그러니 오늘은 내가 어떤 분야에 관심이 있는지부터 기록으로 남겨보는 건 어떨까요?

1

공부의 숲 가꾸기

나만의 도전 리스트 적기

앞으로 1년 안에 도전하고 싶은 일들의 목록을 정리해 봅시다.
1년 동안 꼭 이루고 싶은 일들이 있나요?
20대에 도전해 보고 싶은 일들을 적어도 좋아요.
삶의 방향을 잃지 않고 꾸준히 도전하는 태도가 중요하니까요.

-
-
-
-
-
-

2

주민들에게
꼭 전하고 싶은 말

무지갯빛 찬란한 인생

제가 십 대일 때만 해도 "일단 지금은 공부만 열심히 해. 대학 가면 모든 게 해결돼."라고 이야기하던 시절이었답니다. 하지만 지금은 전혀 아니지요. 진로에 대한 고민은 십 대뿐 아니라 이십 대에도 똑같이 계속해 나가야 해요. 어쩌면 꿈을 찾아가는 과정에서 내가 생각했던 것과 달리 나에게 맞지 않는 길이라는 생각에 멈칫하게 될 수도 있어요. 그때마다 그럼에도 계속 해나갈 것인지, 다른 분야로 다시 도전할 것인지 또한 스스로 결정해 보세요. 선택에 관해 주변에 조언을 구할 수는 있지만 책임은 나에게 있어요. 내 인생은 내가 주인공이 되어 만들어 가는 것이니까요.

'미래에 그 직업은 돈을 벌기 힘들다고 들어서 다른 직업을 생각해 보려고요.'

많은 청소년이 진로를 고민하면서, 자신이 하고 싶은 일이 아니라 미래의 수익을 기준삼아 꿈을 포기하려고 합니다. 하지만 과연 지금 우리가 평생직장, 평생 직업을 딱 잘라 말할 수 있을까요? 아무리 다른 사람들에게 선망받는 직업이라도 직접 그 길을 걸어보지 않고서는 나에게 맞는 길인지 알 수 없어요. 10년 뒤에 가장 유망 직종이라는 말에, 자신의 꿈에 도전하지도 않고 전공을 선택하는 건 바람직하지 않다는 거예요.

　10년 전의 저는 제가 유튜브 크리에이터가 되어 수익 창출을 할 거라고 생각조차 하지 못했어요. 제가 진로를 고민하던 십 대 때는 핸드폰에 유튜브 앱이 깔린 학생이 반에서 1명 있을까 말까 하는 시기였어요. 크리에이터라는 단어도 없을 정도였으니 유튜버가 유망 직종으로 손꼽힐 리도 없었지요. 그런데 지금은 상황이 많이 달라졌어요. 우리는 미래에 유망한 직종을 짐작할 수는 있겠지만 정확하게 맞힐 수는 없어요.

　게다가 이 책을 읽고 있는 여러분이 본격적인 사회생활을 시작하는 건 적어도 5~10년 뒤부터예요. 그때 유망 분야에서 일하며 기회를 잡은 사람들은 자신이 좋아하던 일을 우직하게 해나가던 사람들일 거예요. 세상의 변화와 흐름에 맞춰 자신의 강점과 꿈을 펼쳤을 뿐입니다. 무언가 창작하기를 좋아했던 제가 유튜브가 유행하는 시점을 기회로 활용해 직접 기획하고 편집한 콘텐츠를 하나씩 선보이기 시작했던 것처럼요.

어쩌면 돈을 잘 버는 직종을 선택하는 것도 인생을 만들어 가는 하나의 선택이 될 수 있겠지요. 하지만 그런 길을 선택하기 전에 좋아하는 걸 하면서 돈을 버는 방법을 먼저 고민해 보세요. 그 방법은 세상에 잘 공개되어 있지 않지만 열심히 고민하다 보면 분명히 발견할 수 있어요. 먼저 자신이 좋아하는 분야를 찾고, 그 분야에서 앞서간 선배들의 이야기를 듣고 책을 읽으며 자신만의 수익 구조를 만들어 가다 보면, 선물처럼 인생의 멘토들이 나타나 여러분을 도와줄 거예요. 구슬쥬 이장을 찾아와도 좋아요(더 자세한 이야기가 궁금한 주민들은 유튜브 '비밀친구 구슬쥬' 채널의 영상들을 미리 보면 도움이 될 거예요).

평생 안정적이고 유망한 직업은 없다는 사실을 직시하고 자신만의 삶을 펼치세요. 어른들이 안정적인 직업이라 말하는 공무원도 결국 60세가 되면 퇴직해야 하는 건 같아요. 반평생을 공무원으로 일하시고 현재 퇴직을 앞둔 저희 아버지도 다시 제2의 인생을 시작하고자 하고 싶은 일을 고민하고 계세요. 평생직장이라는 공무원마저도 어느 시점에는 자신의 또 다른 삶을 고민해야 하는 순간이 찾아오는 거지요.

자신의 꿈을 저처럼 20대에 찾을 수도, 이런저런 일에 도전하다가 30대에 찾을 수도, 누군가는 퇴직 후 60대에 다시 발견하는 순간이 올 수도 있어요. 그러니 어른들이 말하는 '안정적'이라는 단어에 흔들리지 말고, 자신이 원하는 인생을 향해 끊임없이 도전하세요. 내 인생은 스스로 만들어 가는 거니까요. 그렇게 꾸준히 고민하고 도전하다 보면 여러분의 인생은 반짝반짝 보석이 되어 찬란히 빛날 거예요.

꿈이 없어 고민이라면

'저는 꿈이 없어요.'

전국 각지의 중고등학교에서 진로 강의를 할 때마다 학생들에게 자주 듣는 고민이에요. 저 역시도 청소년 시기에 좋아하는 것들은 있었지만 명확한 꿈은 없었어요. 무언가를 특출나게 잘하기보다는 골고루 열심히 하는 학생이었거든요. 중학교 때까지 공부로는 최상위권에 못 미치는 중상위권 정도였고, 그림을 그리면 최우수상이 아닌 장려상 정도를 받는 수준이었어요. 춤을 좋아해서 장기 자랑에 나가면 '생각보다 잘 추네?' 하는 정도였지 댄스 가수가 될 정도의 실력은 아니었고요. 그래서 학창 시절에는 어느 한가지라도 제대로 잘하는 친구를 가장 부러워했어요. 다른 건 못해도 공부로 전교 1등을 한다거나, 공부를 못해도 춤과 노래는 1등인 친구들 말이에요.

잘하는 게 무엇인지 찾지 못하니 꿈도 명확히 정하지 못했어요. 좋게 말하면 뭐든 중간 이상은 해서 무엇을 더 깊게 파고들어야 할지 몰랐고, 나쁘게 말하면 특별히 잘하는 게 없어서 뭘 해야 내가 경쟁력을 지닐 수 있을지 갈피를 잡지 못했어요.

실제로 저의 고등학교 생활기록부를 보면 1학년 진로 희망 칸에 '타인에게 영감을 주는 직업'이라는 모호한 표현이 적혀 있어요. 마치 '제 꿈은 빈칸입니다.'와 같은 말이지요. 생활기록부 전형으로 대학 입시를 준비하려면 최대한 구체적인 직업군을 적어야 한다는 선생님의 조언도 있었지만, 그때는 제가 정말 무슨 일을 하고 싶은지 깨닫지 못했기에 차마 적을 수 없었어요. 심지어는 문과, 이과 중 어디를 가야 할지조차 몰랐는걸요.

한참 뒤에야 깨달았습니다. 저에게는 남들은 갖지 못한 '성실함'이라는 무기가 있다는 사실을요. 무엇이든 저에게 주어진 걸 열심히 해냈어요. 흥미 있는 일을 찾아서 성실히 시도하고 노력한 덕분에 다방면으로 영역을 넓힐 수 있었지요. 그런데 당시에는 이러한 저의 장점을 깨닫지 못하고 스스로를 있는 그대로 사랑하지 못했어요. 친구들과 비교하면서 저의 부족한 점만 꼬집고 '1등이 아니면 의미가 없어.'라고 생각했어요. 조금만 다른 각도에서 보면 저는 남들이 갖지 못한 뚜렷한 색깔을 가진 사람이었는데도 말이지요.

앞에서도 이야기했듯이 청소년 시기에 평생 나에게 맞는 완벽한 직업을 찾기란 불가능에 가까워요. 그만큼 청소년 시기에는 꿈에 대해 접근하는 방식이 굉장히 단순해도 된다는 뜻이지요. 어느 날 유튜브를 통해 접한 어떤 직업에 관심이 갈 수도 있고, 주변 사람들 중에 누군가의 직업이 멋져 보이기도 하잖아요. 그렇게 매일 꿈을 다양하게 펼치다 보면 머지않아 여러분만의 방향도 잡힐 거예요.

나를 찾아 떠나는 항해

생각해 보면 저는 중학생 때부터 사촌 언니를 따라 다니면서 또래보다 공연 문화를 일찍 접했어요. 시험이 끝나면 친구들과 가요 프로그램이나 콘서트 공연을 보러 다니곤 했지요. 그래서 마음한 구석에는 언젠가 공연과 관련된 일을 하고 싶다는 꿈이 자라난 것 같아요. 하지만 당시에는 꿈을 입 밖으로 꺼내지는 않았어요. 주변에 공연 관련 일을 하는 사람도 없었기에 그 꿈을 실현하려면 어떤 준비를 하고 무엇을 공부해야 하는지 터놓고 이야기할 곳이 없었으니까요.

청소년 시기에는 어떤 직무에 관해 구체적으로 알기 어려워요. 그러니 이 글을 읽고 있는 지금 이 순간, 불현듯 여러분의 마음속에 떠오른 한 가지 일이 있다면 감히 이렇게 말하고 싶어요.

'지금 그것, 여러분이 도전해야 할 꿈이 맞습니다.'

마음에 확신을 갖고, 꿈을 이루기 위한 과정으로써 대학 4년 동안 배우고 싶은 학과를 골라보세요. 거창하게 직업을 정해두고 그에 따른 학과를 정하는 것이 아니라, 단지 4년 동안 어떤 학과의 수업을 듣고 싶은지 고민해 보는 거예요. 막상 대학에 입학해서 내가 선택한 수업을 들었는데 생각과 다르거나 마음에 들지 않는다면, 부전공이나 복수전공을 통해 또 다른 배움으로 넓혀갈 수도 있어요. 만약 이것도 적성에 맞지 않는다면 전과를 고려해 볼 수도 있고요.

핵심은 4년이라는 대학 재학 기간에 배우고 싶은 학문에 맘껏 관심을 가져보고 고민해야 한다는 거예요. 선배들의 생생한 이야기를 듣고 인턴 과정으로 관심 직업을 간접 체험하기도 하면서 스스로를 탐구하는 거지요. 맘껏 다양하게 시도하면서 꿈을 구체화해 나가는 것, 이는 절대 청소년 시기에 경험하고 이룰 수 없는 과정이지요.

그러니 고등학생 때 진학할 대학교의 학과를 정할 때도 평생 직업으로 삼을 전공을 정해야 한다며 초조해할 필요가 없어요. '대학교 전공이 나와 맞지 않으면 어떡하지?' 하며 미리 걱정할 필요도 없고요. 우선 현재의 관심사, 꿈과 관련된 분야를 경험하며 시야를 넓힌다는 생각으로 접근하세요. 100년이라는 나의 인생 중에서 4년 동안 집중해서 배울 학과를 선택한다는 마음가짐으로요. 그런데 이런 생각이 들 수도 있어요.

'그래도 학교 선생님은 지금 구체적인 진로를 정하라고 하셨는걸요. 생활기록부에 그걸 녹여야 한다고요.'

맞습니다. 자신이 4년 동안 배우고 싶은 학과가 정해졌다면, 그다음으로는 나만의 생활기록부를 만들어 갈 약간의 기술이 필요해요. 그걸 바로 '전략'이라고 하지요. 구슬쥬 이장만의 생활기록부 전략을 알고 싶다면 254쪽을 확인하세요.

꿈이 없는 현재를 너무 자책하지 마세요. 지금은 구체화된 꿈을 꿀 수 없는 게 당연해요. 또래 친구들이 말하는 그 꿈도 자신이 정말 원하는 건지 누군가의 말을 듣고 그 꿈이 좋아 보이는 건지 아직은 알 수 없어요. 꿈이라는 건 내가 그 길을 직접 걸어봐야 비로소 나와 맞는 길인지 아닌지를 깨달을 수 있고, 가령 그 길이 맞더라도 그 꿈은 계속 조금씩 변해간다는 걸 잊지 마세요.

공부가 우리에게 남기는 것

"구슬쥬 님은 무엇을 위해 그렇게 열심히 공부했나요? 공부에 지칠 때는 어떻게 다시 힘을 얻었는지 궁금해요."

지난 5년 동안 공부 유튜버이자 교육 강연자로 활동하면서 자주 들었던 질문 중 하나입니다. 저라고 지치는 순간이 없었을까요. 공부하다가 너무 힘들어서 포기하고 싶은 순간도 많았지요. 그때마다 저는 다음과 같이 생각하면서 마음을 다잡았어요.

'혼자 공부해서 반에서 3등까지 올라가 봤는데, 이 정도 힘들다고 무너질 수는 없지!'

과거의 성취 경험이 현재의 저에게 다시 용기와 힘이 되어주더라고요. 이는 곧 한 단어로도 이야기할 수 있어요. 바로 '자신감'입니다. 지금 나아가는 방향이 맞는지, 내가 지금 잘하고 있는 건지 의문이 들 만큼 마음이 지칠 때는 과거의 내가 현재의 나에게 이렇게 이야기해요. '너 그때도 이런 순간이 있었는데 잘 이겨냈어.

이번에도 충분히 넘어갈 수 있어.'라고요.

　공부하고 시험을 치르는 매 순간은 자신감을 얻는 과정이에요. 노력한 만큼 만족스러운 성적을 받으면 성취감과 함께 자신감을 얻는 기회가 되고, 기대한 만큼의 성적이 나오지 않았다면 이를 극복함으로써 다시 자신감을 키우는 기회로 만들 수 있어요. 이렇게 생각하면 시험에서 어떤 결과를 받더라도 실망하거나 좌절하지 않고 공부를 계속해 나갈 수 있어요. 공부로 자신감을 얻는 일이 지금 공부를 계속해야 하는 궁극적인 목적이 되어주는 거지요.

　여러분도 공부로 성취 경험을 쌓으면서 자신감을 키우세요. 1등을 하자는 거창한 목표가 아니더라도, '수학 점수 10점 높이기', '영어 과목 한 등급 높이기', '틀렸던 문제를 완벽하게 풀어내기'처럼 여러분만의 크고 작은 목표를 세우는 거예요. 그리고 그 목표를 달성하면서 성취감을 얻고 공부에 계속 도전할 자신감을 키워요. 노력하고 실패하고 다시 일어서고 나만의 과정을 찾아나가는 과정에서 자신감은 더욱 커질 거예요.

　십 대에 공부로 얻은 자신감은 미래에 인생을 살아가는 동력으로까지 이어져요. '학창 시절에 열심히 노력해서 좋은 성적도 성취한 나인데 이 정도는 아무것도 아니지!' 하며 인생의 크고 작은 위기에도 용감해지지요. 내가 하고 싶은 일에 자신 있게 도전하고 때로는 과감하게 결단을 내리는 배짱이 생길 거예요. 인생을 살아가는 데 꼭 필요한 태도를 갖추게 되는 것이지요.

강의를 다니다 보면 "저도 언니처럼 좋아하고 잘하는 일에 도전하면서 살고 싶어요.", "제 딸도 구슬쥬 님처럼 좀 더 공부에 자신감을 지니면 좋겠어요."라는 말을 듣곤 해요. 삶에 열심히 도전하는 제 태도를 칭찬해 주시는 말이지요. 이러한 제 삶의 자세도 청소년 시기에 공부라는 한계를 넘어보는 연습을 통해 성취감과 자신감을 얻었기 때문이라고 생각해요. 때로는 벽에 부딪히고 넘어지며 다시 일어서는 과정들이 저의 단단한 자신감을 만들어 주었고 인생을 당당히 살아가게 하는 원동력이 되었어요.

혹시 지금 이 글을 읽고 있는 여러분도 힘든 과정을 지나고 있나요? 그렇다 하더라도 '공부는 나랑 안 맞아.' 하면서 포기하거나 낙담하지 말고, 지금은 자신감이 만들어지는 여정에 있다고 스스로를 다독이세요. 그리고 여러분이 마주한 크고 작은 과제들을 하나씩 멋지게 헤쳐나가세요. 실패도 당당하게 마주해요. 넘어져도 다시 일어서면 그만이니까요. 지금 이 고통은 누구나 겪는 성장통일 뿐이고 분명히 곧 지나갈 거예요.

지금 우리에게만 주어진 특권

'내가 지금 잘하고 있는 게 맞나?'

여느 때처럼 책상 앞에 앉아 있던 고등학교 2학년 겨울방학, 제가 하는 공부에 의문이 들었어요. 매일 습관처럼 공부하지만, 정말 제대로 하고 있는 건지 확신이 들지 않았지요. 그때 '기숙 학원에 들어가 볼까?' 하는 생각이 불현듯 떠올랐어요. 왠지 익숙해진 지금의 환경에서 벗어나 그곳에 들어가면 공부에만 집중할 수 있을 것 같았거든요. 곧바로 방학 동안 다닐 기숙 학원을 검색했고, 며칠 동안 샅샅이 찾아본 끝에 제가 가고 싶은 학원을 정해서 부모님께 말씀드렸지요. 한 달에 300만 원이라는 결코 적지 않은 학원비에 부모님께서는 달가워하지 않으셨지만, 저는 왠지 꼭 그곳에 가야 할 것만 같은 충동을 느껴 애원하며 설득했어요. 결국 부모님께서는 큰맘 먹고 기숙 학원에서 여는 겨울 특강에 저를 보내주셨지요.

학원에서는 새로운 공부 습관을 익히는 나날의 연속이었어요. 매일 새벽 5시 반에 일어나 명상을 한 다음, 30분 동안 플래너를 작성했어요. 삼시 세끼 모두 정해진 시간에 건강한 식단으로 식사하고 시간에 맞춰 국어, 영어, 수학 수업을 들었어요. 자습 시간에는 자습실에 가서 그날 배운 내용을 복습했고, 잠들기 전에는 그날 수행한 공부 계획과 오늘 하루 느낀 감정 및 컨디션을 기록하는 시간을 가졌답니다. 건물 안에서는 대화하면 안 된다는 규칙도 있어서 친구와 이야기를 나눌 수 있는 유일한 시간은 식사 후 산책할 때와 잠들기 전 잠시뿐이었어요.

그곳에서 다양하고 새로운 경험을 많이 하면서 제 마음속에 가장 깊이 박힌 다짐이 한 가지 있어요. 바로 '무조건 내신으로 대학에 합격하자.'예요. 300만 원이나 주고 얻은 교훈이라기에는 조금 뜬금없어 보이나요? 그런데 이 다짐은 제게 정말 큰 울림을 주었어요. 앞으로 대입까지 남은 1년 동안의 공부 방향을 더 명확히 하는 계기가 되었으니까요.

당시 기숙 학원에는 재수생도 많았어요. 그들 대부분은 저처럼 학원을 한 달만 다니는 게 아니라 수능 날까지 쭉 생활하는 거였어요. 다시 말하면 저는 곧 다시 학교로 돌아가 수업을 들으면서 수행평가도 하고 동아리 활동도 하면서 생활기록부를 채워야 하는데, 그동안 기숙 학원에 있는 선배들은 오직 수능이라는 한 가지 목표를 위해 전력 질주하는 거예요. 수능이라는 무대에서 그들을 만나면 이기기가 어려울 거라는 판단이 들었어요. '수능 점수만으로 대학에 갈 거라면 지금 고등학교를 자퇴하고 준비하는 게 더 낫지 않을까?' 하는 생각까지 들었지요. 다행히 지금까지 쌓아온 내신 성적을 활용해 대학에 합격하자는 전략을 세우고 무사히 목표를 달성했지만요.

이 글을 읽는 여러분이 현재 고등학생이라면, 또는 고등학생 자녀를 둔 학부모님이라면 수시 전형은 재학생들만의 특권임을 꼭 명심하세요. 정시 비중이 높아진다는 입시 정보가 들려와도, 수시 전형이 재학생들만의 돌파구라는 사실은 변하지 않아요.

고등학생 때 내신 성적을 잘 관리해 두면 혹시나 재수를 준비할 때도 더 다양한 기회를 노릴 수 있어요. 고등학교 3년 동안 쌓아온 내신 성적과 생활기록부를 바탕으로 다시 수시 전형에 도전하는 '수시 반수'라는 제도가 있으니까요. 대학교마다 수능 최저 등급이나 면접 전형이 있는 경우도 있으니 자신이 지원할 학교의 전형에 맞춰 추가로 필요한 것들만 준비하면 돼요. 서울 상위권 대학에서는 수시 반수로 학교를 옮기는 경우가 생각보다 정말 많아요. 저 또한 다른 대학을 다니다가 수시 반수 전형을 거쳐 학교를 옮기게 된 경우이지요.

물론 수능도 잘 보고 수시도 잘 준비해서 자신이 더 잘하는 유형으로 대학을 준비하면 가장 좋지요. 만약 현재 모의고사와 내신 등급이 모두 1~2등급 사이라면 대한민국 4% 안에 드는 상위권 성적이니 그동안 해온 자신의 공부 방법을 잘 유지해서 자신에게 유리한 전형을 선택하면 돼요.

　하지만 수시와 정시 중에서 한 가지를 주력으로 정해 준비해야 하는 상황이라면, 재학생 신분에서는 수시 전형이 기회가 될 수도 있음을 잊지 마세요.

나만의 무기를 찾는 길

저는 고등학생 때부터 줄곧 상위권 성적을 받았고 대학생 때도 과 수석으로 성적 장학금을 받으며 조기 졸업까지 했어요. 그리고 이렇게 좋은 성적을 위해 십여 년 동안 최선을 다해 노력하면서 깨달은 한 가지가 있어요. 바로, 성적표는 나를 구성하는 일부일 뿐이라는 것. 좋은 성적을 받는 것을 인생의 가장 중요한 목표라고 생각하면서 열심히 앞만 보고 달렸지만, 되돌아보니 공부는 인생의 여러 다양한 무기 중 하나일 뿐이더라고요.

세상을 살아가기 위해 나만의 무기를 만드는 건 매우 중요한 일이에요. 성적표는 열심히 공부한 끝에 얻을 수 있는 소중한 무기 중 하나이지요. 하지만 누구나 인생의 무기가 성적표인 것은 아니에요. 누군가는 주변에 좋은 사람이 많은 게 무기가 될 수도 있고, 누군가는 늘 창의적인 발상이 샘솟는 게 무기가 될 수도 있어요. 즉 지금 우리는 십 대의 본분이라는 공부에 열중하고 있지만 나중에는 이를 시작으로 더 다양한 꿈을 펼칠 수 있어요.

인생에서 나만의 무기들을 더 다양하게 발견하기 위해서는 지금부터 크고 작은 성취 경험들을 쌓아가야 해요. 다양한 세상에 도전하고 이겨내며, 때로는 실패하거나 시행착오를 겪는 일까지도 모두 유의미한 경험이에요. 그 과정을 통해 내가 무엇을 좋아하고 잘하는지를 발견할 수 있으니까요. 그리고 미래에 더 큰 결정의 순간이 올 때 그 경험들이 나만의 기준점이 되고요.

앞서 소개했듯 저는 대학생 때 2년 동안 휴학하고 그때만 할 수 있는 다양한 활동을 경험했어요. 이를 통해 저의 세상을 넓혀갔지요. 무엇보다 그 시기에 시작한 유튜브 활동은 지금의 구슬쥬를 만드는 시작점이 되기도 했고요. 과거의 도전이 없었다면 절대 이룰 수 없었을 소중한 성과예요.

설마 여기까지 읽고 '아, 그럼 나는 공부 말고 다른 무기를 찾아야지!'라고 생각했나요? 여러분이 '지금' 키워야 하는 무기는 바로 '공부'예요. 공부를 잘해서 성적을 잘 받아야 한다는 말이 아니에요. 자신의 한계를 시험하며 계속 도전하고, 공부로 목표를 달성하는 성취감을 느껴야 해요. 공부가 정말 너무 좋아서, 사랑해서 하는 사람은 드물어요. 하지만 내가 도저히 해내지 못할 것 같은 일들을 하나씩 해내는 과정에서 도전 정신, 용기, 인내심, 자신감이라는 소중한 무기를 얻을 수 있어요. 이것들은 오직 공부를 열심히 해본 사람만이 얻을 수 있는 무기들이에요. 좋아하는 것, 하고 싶은 것만 해서는 배울 수 없는 것들이지요.

여러분만의 무기는 아직 눈에 선명하게 보이지 않아요. 십 대는 눈에 띄는 결과를 성취하기보다는 현재 주어진 것들을 잘 수행하면서 무기를 준비하는 단계이니까요. 중고등학교 성적표나 좋은 대학, 높은 학점은 무기 중 일부일 뿐이에요. 대학에 가서도 멈추지 않고 또 다른 무기를 만들기 위해, 가지고 있는 무기를 더 견고히 하기 위해 새로운 도전을 이어가야 해요. 의류학과에 진학했던 제가 '공연 기획력'이라는 무기를 얻기 위해 연극영화학과에 다시 도전한 것처럼 말이지요.

여러분만의 무기를 뽑낼 무대가 머지않은 미래에 여러분을 기다리고 있어요. 그 무대에서 나의 무기가 빈약하다는 걸 깨달을 수도, 다른 무기를 준비하게 될 수도, 내가 모르고 있던 무기를 발견할 수도 있어요. 포기하지 말고 크고 작은 도전을 이어나가 봐요. 눈앞의 고지를 향해 조금만 더 힘을 내봅시다. 그리고 나중에 구슬쥬 이장을 만나게 된다면 여러분이 발견한 무기를 맘껏 자랑해 주세요. 함께 만날 그날까지 온 마음을 다해 응원할게요.

오직
여러분만의 인생을
멋지고 다양하게
채워봐요!

지금까지 구슬쥬 이장의 편지를 읽으며 공부 의욕을 끌어올렸다면,

이제 여러분의 이야기를 다채롭게 채울 순간이에요.

자신만의 공부 습관과 루틴을 터득하며 공부의 숲을 더 풍성하게 만들어 봅시다.

3

공부가 재미있어지는
비법 대공개!

작심삼일을 극복하는 4가지 방법

공부 의지가 며칠 못 가는 주민들은 집중하세요! 공부는 누구나 힘들고 하기 싫어요. 하지만 그런 마음을 다 잡고 꾸준히 해야 성적으로 보답받을 수 있지요. '하기 싫은 일을 어떻게 지속하나요?'라는 의문이 든다면 아래 4가지 중 하나를 실천하세요.

(1) 공부 계획을 약속 계획으로 바꾸기

항상 공부하던 장소인데 갑자기 어느 날은 집중이 잘 안될 때가 있어요. 그럴 때는 공부 계획을 약속 계획으로 바꿔서 실천하세요.

공부 계획	→	약속 계획
수학 공부 2시간 하기	→	아침에 일어나자마자 수학 문제집을 들고 카페에 가기
영어 단어 50개 외우기	→	암기할 영어 단어장을 들고 산책하러 가기

공부하는 건 왠지 거부감이 들고 어렵게 느껴지지만 단순하게 카페에 가겠다고 하면 실행하기가 쉬워져요. 그리고 이렇게 생각하면 부담을 더 덜 수 있어요.

'카페에 3번 가면 수학 숙제는 다 끝나 있을 거야.'

(2) 당장 해결해야 하는 공부만 끝내기

공부할 의욕이 떨어진 상태라면 약 3일 동안은 반드시 당장 해결해야 하는 공부만 몇 개 우선순위를 정해서 그것만 실행하세요. 수행평가나 숙제처럼 미룰 수 없이 지금 해야 하는 공부만 남기고 나머지 시간은 계획을 세우지 않는 거예요. 그렇게 딱 몇 시간 안에 공부가 짧게 마무리되고 나면, 자연스레 다른 공부도 슬슬 욕심날 거예요. 그동안 해온 공부 루틴이 있어서 왠지 더 공부해야 할 것 같은 관성이 발휘되거든요.

(3) 보상을 정해서 공부 시간 늘려가기

작심삼일을 오히려 공부에 활용할 수도 있어요. 다음과 같이

'3일 공부'의 규칙을 만드는 거예요.

'3일 동안 매일 영단어를 50개씩 외우고 수학 숙제를 다 끝내면 내가 보고 싶은 드라마를 3편 볼 거야.'

3일 동안 열심히 공부한 다음 보상을 주고, 또 다음 3일 동안 공부하고 보상을 주는 식으로 계획하고 실천해요. 보상을 구체적으로 정할수록 더 동기 부여될 거예요. 보상으로 평소 사고 싶었던 옷을 구입할 거라면 어떤 브랜드의 어떤 옷을 살 것인지, 보고 싶었던 영화를 볼 거라면 3일 뒤 어느 영화관에서 몇 시에 상영하는 영화를 관람할 것인지까지 자세하게 계획에 적어요. 얼른 보상을 받으려고 공부에 더 집중하게 될 거예요.

저는 공부할 때 이 방법을 가장 많이 활용했어요. 지금도 일할 때 보상을 먼저 정하고 시작해요. '이 프로젝트만 끝나면 여행을 떠날 거야.', '이 원고만 마무리되면 쇼핑하러 가야지.' 하면서 힘든 일이 지난 뒤에 찾아올 행복한 순간을 상상하지요. 막상 목표한 업무를 마치고 나면 이전에 생각해 둔 모든 보상을 실행하지 않을 때도 많아요. 그래도 지금 해야 할 일을 끝내는 데 강력한 동기로 활용하는 것이지요.

(4) 도서관에 가서 공부하기

저는 스스로 공부하는 훈련을 시작했던 중학생 때, 학교 수업이 끝나면 도립 도서관에 가서 공부했어요. 그곳에 가면 저와 같은 또래의 학생들뿐 아니라 공부하거나 책을 읽으러 온 어른도 많거든요. 옆자리에서 열심히 공부하는 그들의 모습을 보면서 저도 더 집중해서 공부해야겠다는 열의가 생겼어요.

집에서 혼자 할 때는 '힘드니까 오늘은 여기까지만 해야지.' 하면서 금방 지쳤을 텐데 도서관에서는 '좀 더 하다가 여기까지는 끝내고 집에 돌아가야지!' 하는 목표 의식이 생겼어요. 여러분도 공부할 마음이 잘 잡히지 않을 때는 도서관에 가서 다른 사람들과 함께 해보세요.

공부의 숲 가꾸기

구슬쥬 이장이 소개한 '작심삼일을 극복하는 4가지 방법' 외에
여러분만의 또 다른 방법을 소개해 주세요.
새로운 방법이 떠오르지 않는다면, 앞서 살펴본 방법들을
나의 환경에 맞도록 변형해도 좋아요.
주민 여러분들의 방법이 추가될수록 공부의 숲은 더 풍성해져요!

①

②

③

잡생각을 끊어내는 3가지 방법

공부하려고 책상 앞에 앉았는데 잠깐 보려 했던 핸드폰에 빠져들어 시간이 훌쩍 지나버린 경험이 있나요? 오늘 학교에서 있던 일이나 친구와 나눈 대화가 자꾸 떠올라 공부에 집중하지 못한 적은요? 공부할 마음이 잘 잡히지 않을 때는 다음의 3가지 방법을 추천해요.

(1) 3일 동안 하루 3시간씩 핸드폰 전원 끄기

저도 고등학생 때 스마트폰 중독에서 벗어나고자 2G 폰으로 잠시 교체한 적이 있어요. 평소 보던 인터넷 가십 기사들이나 즐겨 하던 스마트폰 게임들이 사라지니 처음에는 공부 집중도가 올라갔어요. 하지만 2주 정도 뒤부터는 2G 폰 안을 탐색하면서 또 게임을 깔고 있는 제 모습을 발견했지요. 핸드폰을 하지 않도록 외부 장치를 설정하는 건 일시적인 효과만 지녀요. 스마트폰에 중독된 습관을 고치고 싶다면 본질적인 내 태도를 바꿔야 해요.

핸드폰을 없애거나 아예 사용하지 않는다는 극단적인 목표가 아니라 '3일 동안 하루 3시간씩 핸드폰 꺼두기'와 같은 비교적 하기 쉬운 챌린지를 찾아 실천하세요. 챌린지를 완료한 뒤에는 핸드폰을 잠시 꺼두는 행동 덕분에 얻게 된, 공부에 집중도가 높아진 느낌이나 상태(늘어난 공부량)를 플래너에 자세히 기록해요. 이 작은 시도가 나에게 긍정적인 영향을 준다는 사실을 깨닫게 되면 꾸준히 실천해 나가야겠다는 의지가 더 생길 거예요.

(2) 잡생각을 적고 털어버리기

'공부는 왜 해야 할까?', '혹시 내가 오늘 만난 친구에게 실수한 것은 없나?', '나는 미래에 무엇을 하고 있을까?'와 같이 여러 생각이 꼬리에 꼬리를 물고 이어져 공부에 집중하기 어려울 때도 있어요. 그럴 때는 종이 한 장을 꺼내서 머릿속에 떠다니는 생각을 모두 적어요. 적고 보면 그 생각들은 내가 해결할 수 없는 것임을 깨닫게 될 거예요. 내가 지금 해야 하는 일은 현재 주어진 일에 집중하는 것뿐이지요. 그 사실을 깨달으면 잡생각을 마구잡이로 적은 종이를 시원하게 찢어 휴지통에 버리세요. 그리고 다시 펜을 잡고 그날의 공부를 모두 마치면 성취감은 더 커질 거예요. 잡생각과 유혹을 끊어냈다는 사실에 마음이 홀가분해져요.

(3) 나만의 보상 계획을 세워 동력 얻기

공부하기 싫어질 때는 플래너를 펼쳐서 '이번 시험이 끝나고 하고 싶은 3가지', '대학 가서 경험하고 싶은 대외활동이나 아르바이트', '내가 원하는 대학 리스트'와 같이 보상 목록을 적어요. 시험을 준비하는 동안 지치고 힘들 때마다, 미래에 주어질 나만의 보상을 상상하면서 현재 느끼는 고통에서 잠시 벗어날 수 있어요.

저는 '전 과목 평균 80점 이상 나오면 취미 댄스 학원 등록하기', '시험 끝나고 친구랑 영화 보고 노래방 가기', '뮤직뱅크 보러 가기' 등을 자주 보상으로 활용했어요. 실제로 중학생 때 학교 시험이 끝나는 날짜에 맞춰 뮤직뱅크 관람권을 응모해 놓고, 선정되기를 바라는 마음으로 공부에 집중했던 기억이 나요. 그리고 행복하게도 관람권이 당첨되어 공연을 보러 가는 보상을 만끽할 수 있었어요. 친구와 새로운 경험을 쌓고 도전하는 걸 좋아하는 저에게는 정말 특별한 보상이었지요.

3

공부의 숲 가꾸기

이번 시험이 끝나면 또는 대학에 입학하면 경험하고 싶은 일이 있나요? 시험 끝나고 사고 싶은 물건, 가고 싶은 곳, 대학에 가서 하고 싶은 것 등등 그 어떤 일이든 좋으니 원하거나 이루고 싶은 것들을 적어보세요.

불안감을 잠재우는 3가지 방법

공부하다 보면 한 번씩 불안감이 찾아와요. '공부가 정말 내 삶에 도움이 될까?', '다음 시험 때 성적을 올릴 수 있을까?' 하는 막연한 불안감이지요. 이런 감정을 어떻게 다스리면 좋을까요?

(1) 지금 주어진 일에 최선을 다하기

친구들보다 실력이 뒤처진 것 같아서 불안한가요? 아무리 공부해도 성적이 오를 것 같지 않아 걱정되나요? 그렇다면 그 문제를 어떻게 해결할 수 있을까요? 일주일 동안 고민하면 해결될까요? 글쎄요. 우리는 미래에 관해 아무것도 확신할 수 없어요. 단 한 가지 확실한 건 모든 사람에게 주어진 시간은 매일 똑같다는 거예요. 모두의 하루는 24시간이에요. 누군가는 고민하고 자기연민에 빠져 시간을 흘려보내고 있는 이 순간에도 다른 누군가는 앞이 막막할지라도 도전해야 할 무언가를 위해 부단히 노력하고 있어요.

지금 여러분이 고민할 수 있는 건 현재 내가 무엇을 할지 선택하는 것뿐이에요. 오늘 주어진 하루를 어떻게 쓰고 싶은지 스스로에게 질문해 보세요. 해답은 바로 자신에게 있어요. 여러분이 어떤 선택을 하든지 그것이 정답이에요.

(2) 불안을 밖으로 뱉어내기

불안한 감정이 들 때 절대 하지 말아야 하는 행동은 가만히 아무것도 하지 않고 생각에 잠기는 거예요. 불안이란 감정은 한번 시작되면 마음속에서 끝도 없이 불어나요. 눈에 보이지 않는 감정들을 잡는 방법은 눈에 보이게 하는 거예요. 글로 풀어내거나 말로 내뱉는 것이지요. 저는 일기를 쓰거나 가까운 친구와 가족에게 이야기하면서, 때로는 혼자 산책하면서 불안감을 털어냈어요. 여러분도 고민거리가 많을 때는 불안에 사로잡히지 말고 글로, 말로, 걸음으로 뱉어보세요.

(3) 작년 시험지로 중심 잡기

시험공부를 하면서 '지금 맞게 공부하고 있는 건가?' 하며 확신

이 들지 않을 때는 우리 학교의 작년 시험지를 살펴보세요. 시험 문제가 어떻게 나오는지를 가늠할 수 있어 공부의 방향이 잡혀요. 저는 교과서의 맨 앞쪽에 작년 시험지를 끼워두고 시험 기간에 꺼내 주기적으로 살펴봤어요. '내가 지금 수준에서 이 문제를 만나면 풀 수 있을까?'를 질문하면서 동기 부여하고 공부 계획을 수정하기도 했어요. 불안은 중심을 잃었을 때 생겨요. 시험지를 분석하는 구체적인 방법은 109쪽을 참고하세요.

4

공부의 숲 가꾸기

오늘은 각기 다양한 곳에서 공부하고 있을 공부의 숲 주민들에게 사랑이 담긴 편지를 써봅시다. 응원의 메시지를 적고 #공부의숲편지 해시태그와 함께 공유해 주세요. 사랑이 필요한 누군가에게 편지가 전달되어 큰 힘이 될 거예요.

공부의 숲 주민들에게

안녕하세요, 저는 공부의 숲 주민 _____입니다.

매일 열심히 공부하느라 많이 힘드시지요?

_____

_____

_____

_____

_____

_____

주민 _____ 보냄

두드리는 자에게 문이 열린다

공부가 잘 안되거나 하기 싫은 날에는 공부 정보를 수집하면서 머릿속을 환기하세요. 당장 책을 들여다보고 문제를 푸는 것뿐 아니라 필요한 정보를 찾는 것도 공부의 과정이에요. 내가 공부를 이어가는 데 필요한 진로나 공부 방법 등과 관련한 정보는 인터넷 검색을 통해 알아낼 수도 있고 주변의 선배를 만나서 조언을 구할 수도 있어요. 나와 같은 경험을 먼저 거쳐간 이들에게 조언을 구하면서 시야가 트이는 경험을 할 수 있어요.

저는 고등학생 때 공연 쪽의 진로에 관심이 많았지만 이를 실현하려면 지금 어떻게 무엇을 준비해야 할지는 계획이 잘 세워지지 않아서 막막한 순간이 있었어요. '지금 내가 공부하는 게 과연 나중에 공연 쪽 진로에도 도움이 될까?' 하는 생각에 공부에 몰두하기가 어려웠지요. 그래서 그런 생각이 들 때마다 연극과에 진학한 선배들이 남긴 정보를 찾았어요. 인터넷 검색이나 수험생 사이트를 활용했지요. 어느 날에는 학교 선배들이나 선생님을 찾아가 '저는 이러이러한 분야에 관심이 있는데 어떻게 준비하면 좋을지 고민이에요.' 하고 조언을 구했어요. 분야와 관련된 생생한 이야기를 들으면서 공부의 가닥을 잡을 수 있었지요.

　　조언을 구할 선배가 없어 고민인가요? 주변 사람들에게 내 고민과 상황을 공유하세요. 이것이 계기가 되어 자연스레 지인들의 주변 사람에게까지 연결될 수 있어요. 저는 고등학교 1학년 때 담임선생님과 진로 상담을 하면서, 공연 분야에 조언을 구할 멘토가 없다고 이야기하니 선생님의 제자를 소개해 주셨어요. 선배는 마침 같은 학교에서 입시를 준비하고 있던 3학년이었기에 급식실에서 같이 급식을 먹으면서 알찬 시간을 보낼 수 있었어요. 생활기록부는 어떻게 준비해야 하는지, 면접은 어떤 방식으로 진행되는지, 어떤 책을 읽으면 도움이 되는지 등 다양한 정보를 들을 수 있었어요. 당시 망망대해를 혼자 헤쳐 나가던 저에게 엄청난 빛이 되었지요. 그렇게 이곳저곳에 조언을 구하다 보니, 언젠가부터는 공연 관련 진로를 희망하는 학생이 있다는 소식이 학교 전체에 퍼질 정도였어요.

　　고등학교 2학년 때는 대학생이 된 선배들이 자신들의 친구에게 제가 궁금해하는 것들을 대신 물어봐 주기도 했어요. 제가 꿈꾸는 학과의 합격생에게 직접 듣는 이야기들은 인터넷 검색으로는 절대 얻을 수 없는 귀한 정보였지요.

　　이렇게 꿈에 가까워지기 위해 부단히 애쓴 저의 노력이 담임선

생님의 눈에도 보였는지 생활기록부에 다음과 같은 내용을 적어 주셨네요.

5) 창의성 영역
지적탐구심이 강하고, 교육과정에 개설되지 않은 방송, 미디어, 공연, 기획 및 문화교류 등에도 관심을 갖고 바쁜 학교생활 중에서 관련 서적을 찾아 읽고 의문이 생기는 것은 선배나 담당교사를 찾아 상담하는 등 자신의 길을 찾아가는 열정이 돋보임

구슬쥬 이장의 생활기록부 일부

불현듯 공부가 막막하게 느껴질 때가 있어요. 성적이 잘 오르지 않으면 '이게 다 무슨 소용이야.' 하면서 포기하고 싶은 마음도 생기지요. 매일 공부하는 일상이 지겹기도 하고요. 이럴 때는 다시 삶에 원동력을 가져올 여러분만의 인연을 찾아나서야 해요. 주변에 여러분의 상황을 알리고 멘토를 구해요. 나의 지인 중에는 없어도 지인의 지인까지 한두 다리만 건너면 분명히 멘토를 찾을 수 있을 거예요.

그래도 멘토를 구하기 어렵다면 인터넷 검색이나 유튜브를 통해서 내게 필요한 이야기들을 찾아요. 강연회와 같은 행사도 나의 진로를 구체화하고 시야를 넓히는 기회예요. 직접 만나 이야기를 전해 들으면서 다시 일어설 힘을 얻고 공부할 수 있으니까요. 꿈을 향해 나아가는 적극적인 자세를 통해 여러분의 미래가 한층 구체화된다는 점을 늘 명심하세요.

공부의 숲 가꾸기

공부의 숲을 처음 시작할 때 주민 소개서를 작성했던 일이 기억나나요? 주민 소개서에 적었던 내용을 다시 펴서 보고 나의 꿈을 이루어가는 데 도움이 필요하다면 도움 요청 게시판에 고민을 적어보세요!

질문

㉐ 자율주행 자동차를 만들고 싶으면 어떤 학과를 가야 하나요?

Q.

Q.

도움 게시판에 적은 고민 중에서 스스로 해결할 수 있는 방법을 알아봐요. 대부분 인터넷에 검색하면 정보를 얻을 수 있을 거예요. 방법을 못 찾은 주민들은 옆 마을 커뮤니티(대학어디가, 수만휘 등)에 도움을 요청하는 글을 써보면 어때요?

답변

㉐ 한양대학교 미래자동차학과, 국민대학교 자동차공학과, 서울과학기술대학교 기계·자동차공학과

A.

A.

4

내신 등급이 바뀌는
공부 루틴

아주 작은 습관의 힘

하루의 시작은 그날의 공부 효율을 결정해요. 누군가는 시작을 잘해서 하루를 만족스럽게 마무리하는 반면, 다른 누군가는 개운하지 못한 시작으로 하루를 날리기도 하지요. 공부에 활기를 불어넣는 아침 루틴을 소개할게요.

(1) 일어나자마자 샤워하기

우리는 습관적으로 아침에 일어나자마자 핸드폰을 확인하곤 해요. 10분만 볼 생각이었던 게 30분이 되고, 어느새 1시간이 훌쩍 지나가요. 특히 방학 때는 더 늘어지기도 하고요. 이렇게 아침 시간을 낭비하지 않기 위해 잠에서 깨자마자 바로 화장실에 가서 샤워하세요. 매일 아침 알람을 끄고 바로 일어나서 좋아하는 음악을 틀고 샤워해요. 샤워하는 동안에는 오늘 해야 할 일들을 머릿속으로 정리하면서 하루를 알차게 쓰고 싶다는 마음가짐을 다잡게 된

답니다.

(2) 매일 아침 30분 동안 계획 세우기

아침에 일어나자마자 바로 이부자리를 정리하고 물을 한 잔 마시며 플래너를 펼쳐요. 그리고 오늘 하루를 어떻게 보내면 좋을지 30분 동안 계획해요. 아침에 일어나 계획을 세우는 행동은 시간을 주관하는 건 바로 '나'라는 사실을 인지하는 행동이에요. 매일 아침에 오늘의 계획을 세우고 상기하면, 시간을 무의미하게 보내거나 내가 원치 않는 무언가에 시간을 빼앗기지 않을 수 있어요. 오늘 해야 할 일을 각인하면서 하루를 알차게 보내자고 다짐해요 (자세한 플래너 작성법은 94쪽을 참고하세요).

(3) 첫 공부는 30분 이내의 간단한 공부로 시작하기

하루의 첫 공부는 30분 이내로 간단히 끝낼 수 있는 공부로 시작해요. '영어 단어 외우고 테스트하기', '수학 개념 문제 2쪽 풀기' 등 도전하기 쉽고 간단히 마칠 수 있는 것들 말이에요. 아침에 일어나자마자 뇌가 덜 깬 상태에서 어려운 과제를 수행하다 보면 중간에 포기해 버리기 쉬워요. 금세 집중력을 잃고 핸드폰을 보거나

오전 시간을 모두 날려버리기도 하지요.

아침 공부는 본 운동에 들어가기 전에 하는 준비 운동이에요. 일어나자마자 30분 동안 집중에서 효과를 낼 수 있는 공부는 사람마다 달라서, 처음에는 여러 공부를 시도하며 자신에게 잘 맞는 공부를 골라 루틴으로 만들기를 추천해요. 저는 가장 약점이었던 국어 과목을 보완하고자 매일 아침 30분 동안 국어 비문학 지문을 한 개씩 풀었어요. 그런데 며칠 지나지 않아, 아침부터 국어 문제를 풀 생각에 공부가 더 하기 싫더라고요. 그래서 쉬운 수학 문제를 2쪽 푸는 것으로 계획을 바꾸었더니 아침에 뇌를 깨우고 공부 모드로 돌입하기가 수월했어요. 여러분도 좋아하는 과목이나 간단히 동기 부여할 수 있는 공부로 하루를 시작하세요.

(4) 일어나자마자 바로 인강 듣기는 금지!

아직 뇌가 완전히 깨어나지 않은 아침에는 인터넷 강의를 듣는 수동적 학습보다는 주도성이 들어간 공부를 추천해요. 앞에서 예시로 들었던 영어 단어 암기나 수학 문제 풀기처럼 스스로 움직이고 고민해야 하는 공부들 말이지요. 일어나자마자 인터넷 강의를 듣거나 바로 학교 수업을 들으면 집중력이 흐려져서 졸음이 몰려올 수도 있어요. 등교하기 전에 집에서 플래너를 쓰고 나만의 공부를 실천한 다음 수업을 들으러 가면 하루의 시작을 성취감으로 시작하게 될 거예요. 준비 운동 덕분에 뇌도 맑아졌으니 수업도 더 집중해서 들을 수 있고요.

(5) 혼자보다는 같이!

제가 고등학생 때 아침 공부를 시작하게 된 계기가 있어요. 학교 독서실에 매일 아침 일찍 와서 공부하던 고3 전교 1등 언니를 본 날부터였지요. 제가 독서실에 가면 늘 그 언니가 먼저 와서 열심히 공부하고 있었어요. 저도 그 모습에 반해서 아침 일찍 일어나 독서실에 가서 함께 공부하기 시작했어요.

여러분도 아침 일찍부터 공부하기가 힘들다면 공부의 숲 주민들을 모집해서 함께 시작해 보면 어떨까요? 네이버 카페 '공부맛집 구슬쥬'에 함께 아침 공부를 시작할 주민들을 모집한다는 글을 공지해 보세요. 그리고 함께 차근차근 아침 공부 습관을 잡아가요.

6
공부의 숲 가꾸기

나태병 구출 프로젝트

아직도 잠결에서 벗어나지 못했나요?
핸드폰을 손에서 놓지 못하고 있나요?
나태병 구출 프로젝트에 함께할 열정적인 공부의 숲 주민을 모집합니다.

- **참가 자격:** 공부의 숲 주민 중 열정 주민이 되고 싶은 분
- **참가 방법:** 아래에 마련된 칸에 여러분의 아침 루틴을 적고 3일 동안 실천한 다음 후기를 기록하세요. 그리고 기록을 사진으로 찍어 인스타그램에 #공부의숲, @gong_joostudy를 태그하여 업로드해요(구슬쥬 이장이 '열정 도장'을 찍으러 갑니다!).
- **열정 주민 특혜:** 성적 10점 향상

주민 _____의 아침 루틴

1.

_____

실천 후기

2.

_____

실천 후기

공부의 질을 10배 높이는 플래너 사용법

'오늘은 이만큼 공부해야지~' 계획은 매일 꼼꼼히 세우는데 막상 하루를 마치고 보면 달성하지 못한 공부가 수두룩한가요? 하루를 야무지게 활용하는 플래너 사용법을 소개할 테니 눈 크게 뜨고 따라오세요!

(1) 플래너의 중요성 깨닫기

'플래너를 쓸 시간에 차라리 문제집을 푸는 게 성적에 더 도움이 되지 않나요?' 하며 플래너 사용에 의문을 품을 수도 있어요. 하지만 계획이 없으면 공부의 우선순위가 잡히지 않아서 능률이 훨씬 떨어져요. 필요한 공부가 아니라 좋아하는 과목만 편향해서 공부하게 되거나 학원 숙제만 하다가 학교 수업 내용은 복습하지 못하고 하루를 마치게 되는 식이 되기 십상이지요.

플래너를 쓰는 행위는 공부의 방향성을 잡아주고 시간 활용의 기준을 만들어요. 제가 앞서 잠깐 언급했던 기숙 학원 겨울 특강에서 배운 것 중 가장 기억에 남는 건 아침마다 30분 동안 플래너를 쓰는 습관이었어요. 매일 30분 동안 세운 계획으로 하루의 공부 가치를 10배로 높이는 경험을 했지요. 이런 하루가 매일 쌓이면 실력에서도 엄청난 차이가 생겨요. 여러분이 공부에 쏟는 노력의 가치가 하루 단 30분의 계획에 달려 있다는 점을 기억하세요.

(2) 올바르게 공부 계획하기

학교 시간 활용 Tip

✦ 생각보다 학교 안에서 활용할 수 있는 자습 시간이 많아요. 아침 자습 시간뿐 아니라, 자습으로 운영되는 교과 및 특별 활동 시간도 있지요. 매일 플래너를 작성할 때 학교 안에서 자습할 시간까지 미리 계획해요. 자습 시간이 갑자기 주어질 때 미리 계획한 공부를 하면 시간을 더 알차게 쓸 수 있겠지요?

DATE	D-day	Total Time
09.13.	D-23	7시간 15분

오늘의 다짐

핸드폰 시간 2시간 이내! 도오전 >_<

시간	과목	계획
아침자습	영어	수행평가 (영단어암기)
3교시	수학	20문제 풀기 → 교과서 P. 53-57
점심시간	국어	수행평가 자료 서치
5교시	영어	교과서 3과 지문 구조화
7교시	수학	학원숙제 → 개념원리 P. 71-75
방과후 1	국어	소설 1개 단원화
방과후 2	국어	↳ 자습서 풀기 (문제분석 단원화)
저녁시간	~	맛있는 저녁시간
8-9시	과학	개념인강 1개 (Ⅰ단원 - ①)
9-10시	과학	↳ 문제풀고 → 문제풀이 인강 → 단권화
10-11시	☆	못한공부 마무리
11-12시		플래너 정리, 책상정리, 스트레칭
자투리	수학	교과서 예제문제

TIME				
5				
6				
7				
8				
9				
10				
11				
12				
13				
14				
15				
16				
17				
18				
19				
20				
21				
22				
23				
24				
1				
2				
3				
4				

오늘의 기록

국어 단권화 오래걸림 → 아침자습시간에 끝내자!

수학 3콤보 .. 지습해도 될때까지 달려보자구!!

◆ 공부를 잘하고 싶다고 무조건 적게 자고 공부를 많이 하는 게 능사가 아니에요. 무리해서 공부를 더 해도 다음 날이면 컨디션이 좋지 않아서 공부에 집중하기 힘들어지니까요. 사람마다 차이는 있지만 적어도 7시간의 수면 시간을 지킨다면, 깨어 있는 시간에 졸거나 컨디션이 너무 힘들어지는 경우는 드물 거예요. 남들보다 공부 시간이 적을까 봐 걱정된다고요? 남들이 핸드폰을 볼 시간에 공부하면 됩니다. 수면 시간을 줄이지 말고 핸드폰 시간을 줄이세요!

공부 시간 기록 TIP

◆ 저는 주로 타이머를 이용해 '순수 자습 시간'을 측정했어요. 여기에는 인터넷 강의나 학원 수업을 듣는 시간, 학교 수업 시간은 포함하지 않아요. 성적은 선생님이 올려주는 게 아닌, 스스로 공부하면서 오르는 거니까요. 순수 공부 시간을 타이머로 측정하는 이유는 다른 생각을 하지 않도록 방지하기 위한 용도이기도 해요. 타이머가 돌아가고 있으면 잠시 다른 생각이 들다가도 '정신 차려야지!' 하며 다시 공부로 돌아오게 돼요. 하루 동안 여러분의 순수 자습 시간은 얼마나 되나요? 특히 시험이 가까워질수록 여러분의 순수 자습 시간은 늘어야 해요. 그것이 바로 진정한 공부니까요!

✦ 계획표 하단에는 자투리 시간에 무엇을 할지 적어요. 예기치 않게 10분 늦게 시작하는 수업 전, 점심시간 이후 남는 시간 등 자투리 시간을 모으면 적게는 30분에서 많게는 1시간까지 나오기도 해요. 시험 기간에는 특히나 이런 자투리 시간을 잘 활용하면 유용해요. 자투리 시간에는 국어 지문 읽기처럼 많은 집중력이 필요한 공부보다는 수학 예제 문제 풀기처럼 간단한 공부를 넣어요.

(3) '시간'을 중심으로 계획 세우기

매일 계획한 공부량을 계속 채우지 못하는 상황인가요? 그렇다면 '시간'을 중심으로 계획해 보세요. 과목마다 구체적인 공부량을 설정하고 과제를 수행하는 데 시간이 대략 얼마나 걸릴지를 적는 거예요. 예를 들어 처음 계획을 세울 때는 수학 문제집 5쪽을 2시간 안에 끝낼 수 있을 거라 예상했더라도, 막상 공부하다 보면 2시간이 넘어갈 수도 있지요. 그럼 다음 날 계획을 세울 때 수학 문제집 4쪽을 2시간 동안 푸는 것으로 공부량을 줄이는 거예요. 그리고 남은 1쪽은 자투리 시간에 끝낼 수 있도록 계획을 수정해요.

시간을 중심으로 계획 세우기를 일주일 정도 실천해 보면 과목별로 투입되는 나만의 공부 시간이 대략 계산될 거예요. 더불어 내가 집중이 잘되는 시간과 공간까지도 발견할 수 있지요. 이것이 바로 플래너를 쓰는 이유예요. 나의 학습 정도를 발견해 가는 과정이지요.

집중이 잘되는 시간, 몰입이 잘되는 과목들은 사람마다 모두 달라요. 그러니 일명 공스타그램에 올라오는 공부 시간과 나의 공부 시간을 비교할 필요가 없어요. 어떤 학생은 영어를 잘해서 하루 30분만 투자해도 되지만, 우리는 하루 2시간을 투자해야 할 수도 있어요. 반대로 영어를 잘하는 친구는 수학 실력이 부족해서 더 오랜 시간을 공부해야 할 수도 있지요. 공스타그램을 통해 동기 부여를 받는 것은 좋지만, 내가 그만큼을 따라가지 못했다며 자책하지는 마세요. 스스로 시간 계획을 세우며 나만의 공부 루틴을 만드는 게 가장 중요하다는 사실을 명심해요.

(4) 쉬는 시간과 메꾸는 시간을 마련하기

사람은 로봇이 아니기 때문에 깨어 있는 시간 동안 쉼 없이 공부만 할 수는 없어요. 잠깐의 틈도 없이 공부로만 채우다 보면 자연스럽게 집중력도 떨어지지요. 그러니 계획을 세울 때는 쉬는 시간까지 함께 계획해야 해요. 50분 동안 공부하고 10분 동안은 쉬거나, 2시간 동안 공부한 다음 20분 동안 쉬는 루틴을 추천해요.

쉴 때는 핸드폰 대신 스트레칭을 하세요. 10분짜리 스트레칭 영상을 따라 해도 좋고 밖에서 가볍게 산책하고 돌아오는 것도 좋아요. 공부하는 중간에 핸드폰을 보면 다시 공부에 집중하는 데 잔상이 남아 힘들어요. 재밌는 영상을 보다가 시간 가는 줄도 모르고 더 많은 시간을 빼앗기게 될 수도 있어요. 핸드폰을 보는 건 진정한 쉼이 아니에요. 쉬는 시간을 정해두는 이유는 머릿속을 잠시 환기하면서 다음 공부에 집중하기 위함인데, 핸드폰을 하면 오히려 새로운 지식을 넣는 시간이 되어버리지요.

매일 잠들기 전 1시간은 '메꾸는 시간'으로 계획하세요. 우리는 보통 내가 할 수 있는 공부의 최대치를 예상하며 계획을 세우곤 해요. 하지만 최대치를 잘 수행해내는 날도 있지만, 컨디션이 좋지 않아 계획한 만큼 공부량을 채우지 못하는 날도 생기기 마련이지요. 그런 경우를 대비해서 잠들기 전 1시간은 당일 계획에서 마치지 못한 것들을 집중해서 메꾸는 시간으로 쓰는 거예요. 그 1시간 동안에도 끝내지 못한 공부가 있다면 다음 날 계획으로 이동해서 수행해요.

　월요일부터 토요일까지는 최대한 공부에 중심을 두면서 보내고 매주 일요일은 그전 요일까지 미처 마치지 못한 공부를 메꾸고 스스로 보상을 주는 날로 정하세요. 물론 바로 다음 주가 시험이라면 주말에 공부를 쉬기가 어렵겠지만 시험 집중 기간이 아닐 때는 잠시 숨을 돌리면서 다음 공부에 집중하는 힘을 마련하는 거예요. 방치되어 있던 책상 정리를 해도 좋고 맨날 공부하던 장소를 벗어나 새로운 공간에서 공부해도 좋아요. 운동하거나 전시, 공연을 보면서 머리를 환기할 수도 있고요. 일요일마다 이렇게 머리를 맑게 하면서 다시 다음 한 주 동안 공부할 힘을 얻어요.

공부의 숲 가꾸기

공부의 숲 플래너 대회

누가 누가 시간을 귀하게 여기나!
공부의 숲 플래너 대회를 개최합니다.

참가 방법 오른쪽의 하루 플래너를 꼼꼼히 작성하세요. 그리고 플래너를 사진으로 찍어 인스타그램에 #공부의숲, @gong_joostudy를 태그하여 업로드해요.

참가 특혜 구슬쥬 이장의 플래너 피드백과 함께 금은동 메달 수여

유의 사항 공부의 숲 주민임을 인증하기 위해, 『공부의 숲』에 작성한 공부 계획만 인정합니다 (다른 플래너에 작성한 공부 계획은 참가 불가).

MEMO

날짜	D-day	총 공부 시간

시간	과목	계획
아침 자습		

TIME

| 6 |
| 7 |
| 8 |
| 9 |
| 10 |
| 11 |
| 12 |
| 13 |
| 14 |
| 15 |
| 16 |
| 17 |
| 18 |
| 19 |
| 20 |
| 21 |
| 22 |
| 23 |
| 24 |
| 1 |
| 2 |

30분　　　60분

수업 시간에 필기는 이렇게 하세요

'수업 시간에 필기를 노트에 할까, 교과서에 할까?'를 고민하며 갈팡질팡하는 여러분에게 공부 능률을 높이는 필기 필살기를 안내할게요.

(1) 노트에 필기하지 말 것

새 학기가 되면 많은 학생이 구매하는 필수 아이템인 '노트'. 그런데 수업 중에 교과서가 아닌 노트에 따로 필기를 하면 막상 나중에 필기한 내용이 잘 이해되지 않고 필기의 출처를 찾느라 아까운 시간을 낭비하는 경우가 많습니다. '이 필기가 교과서의 어떤 부분에 해당하는 설명이었지?' 하면서 물음표가 생기는 것이지요. 수업 시간에 선생님의 설명을 제대로 이해하며 필기했다기보다는 그 순간에 내용을 놓치지 않고 적는 데만 급급해져 주의력이 분산

되었기 때문이에요.

수업 시간에는 교과서에 바로 필기하세요. 선생님이 설명하는 흐름에 맞춰 해당하는 위치에 적어두면 나중에 복습하는 시간도 단축할 수 있어요. 교과서와 노트를 번갈아 가며 살펴볼 필요 없이, 교과서에 모든 내용이 정리되어 있으니 머릿속에 착착 정리하기도 편하지요.

(2) 포스트잇과 인덱스 활용하기

수업 내용을 모두 완벽하게 적고 정리하기에 교과서는 공간이 부족해요. 그래서 저는 필통에 항상 포스트잇과 인덱스를 가지고 다니며 활용했어요. 메모지에 필기한 다음 교과서 해당 페이지에 붙이는 거예요. 이걸로도 안 될 만큼 필기 양이 너무 많을 때는 노트에 필기한 다음 잘라서 해당 교과서 페이지에 붙여요.

선생님의 설명 속도를 따라가지 못하고 필기를 놓쳤을 때는 해당 페이지에 인덱스를 붙이고 우선 다음 내용으로 넘어가요. 필기 내용을 쫓아가려 잡고 있다가는 다음 설명까지 제대로 듣지 못하고 계속 밀리게 되니까요. 인덱스를 붙인 부분은 쉬는 시간에 친구에게 다시 물어보거나 선생님께 질문해서 채우면 됩니다.

(3) 이해되지 않는 부분은 표시해 두기

수업 시간에 필기하느라 손은 분주하게 움직이는데, 머릿속으로는 내용을 전혀 이해하지 못했던 경험이 있나요? 저도 수업 시간에 내용을 항상 100% 이해한 건 아니었어요. 사실 학교 수업을 곧바로 100% 이해할 수 있다면 복습하거나 추가로 학원에 다닐 이유가 없겠지요.

수업 시간에 잘 이해되지 않는 부분에는 인덱스를 붙여 어떤 부분이 헷갈리는지 간단히 적어두고 넘기세요. 그리고 수업이 끝난 뒤 자습서의 설명을 읽거나 선생님께 질문해서 궁금증을 해결하는 거예요. 집에 돌아와 해당 부분을 설명한 인터넷 강의를 들으면서 보충할 수도 있고요.

(4) 선생님께 질문하기가 꺼려진다면

앞에서 나열한 1~3번까지의 내용 중에서 선생님께 질문해서 해결하라는 방법이 어렵게 느껴지는 학생이 있을 수도 있어요. 선생님께 직접 찾아가서 해답을 구하는 방식이 부담된다면 자습서나 인터넷 강의를 활용하세요. 자습서에서 관련 설명을 찾아 꼼꼼히 읽고 인터넷 강의를 여러 번 듣다 보면 처음에는 이해되지 않았던 내용도 충분히 이해될 거예요.

한 번에 이해되지 않는 내용이 있다면 스스로 과외 선생님이 되었다고 생각하고 해당 개념을 소리 내어 설명하세요. 저는 이때 A4 용지를 함께 활용했어요. 종이에 해당 개념을 차근차근 말로 설명하고 글로 적어 내려가면서 내 것으로 만드는 거예요. 그럼에도 마지막까지 해결하지 못한 것들은 인터넷 강의 사이트의 질문 게시판을 활용해요.

(5) 노트 필기는 이럴 때 사용할 것

노트 필기가 필요한 순간도 있어요. 바로 '수업 중'이 아닌, '수업 후' 복습할 때입니다. 저는 특히 한국사 과목을 공부할 때 노트를 활용했어요. 인터넷 강의를 듣고 바로 문제를 푸는 것이 아니라, 시대별 상황과 특징을 노트에 요약 정리하면서 복잡한 머릿속을 깔끔하게 비워냈어요. 각 개념의 흐름과 중요한 키워드를 중심으로 구조화하는 거예요. 일주일에 인터넷 강의를 세 번 들으며 학습했다면, 하루는 배운 것을 정리하는 복습의 날로 정하고 노트를 활용하세요.

나만의 주문 만들기

주민 여러분, 그거 아세요? 내가 꼭 이루고 싶은 일을 자주 입 밖으로 내면 이루어질 가능성이 더욱 커진다는 사실! 공부로 꼭 이루고 싶은 목표를 이곳에 적고 일상에서 자주 읊어보세요.

1등만 알고 있는 시험의 비밀

열심히 공부한 것 같지 않은 친구가 높은 점수를 받아서 의아했던 적이 있나요? 지금부터 우리 반 1등은 절대 알려주지 않는 비밀을 공개할게요.

(1) 지난 시험지가 이번 시험의 힌트!

1등 하는 친구들이 비교적 적은 시간으로도 성적을 잘 받는 비밀 한 가지는 바로 우리 학교 시험지(기출문제)를 착실히 분석했기 때문이에요. 이번 시험에 어떤 문제가 나올지는 지난 학기나 중간고사 시험지에서 실마리를 찾을 수 있으니까요.

내신 시험을 준비할 때는 학원에서 일명 '족보'를 나누어 주거나 심지어는 지난 시험지를 분석해서 만든 변형 문제까지 풀게 하지요. 그런데 지난 시험을 분석하는 그 과정은 여러분이 직접 해야만 성적이 올라갑니다. 시험지를 꼼꼼히 뜯어보는 과정을 통해 다음 시험을 예측할 수 있기 때문이지요. 내신 시험지에는 우리 학교 또는 선생님들만의 문제 출제 방식이 녹아 있기에 공부의 방향을 잡는 데 큰 도움이 돼요. 다음 시험에도 이와 비슷한 문제 유형과 난이도가 반영될 확률이 높으니 어떤 부분을 중점적으로 공부할지 갈피를 잡고 더 효과적으로 공부할 수 있어요.

고등학교 3학년 때 제가 다니던 학교에 동아시아사 과목이 새로 개설되었어요. 첫 시험이다 보니 문제 출제 경향을 참고할 학교 기출문제가 없어서 최대한 수업에 집중하고 문제집을 열심히 풀며 중간고사를 준비했어요. 그런데 막상 시험 당일이 되어 시험지를 받으니 헷갈리는 문제가 수두룩한 거예요. 시험 난도가 높았다고 생각했는데 다른 친구들은 점수를 잘 받았더라고요. 결국 4등급에 해당하는 낮은 점수를 받고 좌절했지요.

다음 시험에서는 이를 만회해야겠다는 생각에 저는 시험지와 학교 교재를 펼쳐서 다시 꼼꼼히 살펴보기 시작했어요. 그랬더니 시험지와 교재 사이의 연결고리가 보이더라고요. 교재의 개념 설명 부분은 객관식으로, 심화 내용은 주관식으로 출제된다는 규칙을 발견한 것이지요. 공부할 때는 가볍게 훑어만 보고 지나쳤던 개념 설명 부분에서 문제가 많이 출제되었다는 사실을 깨닫고 기말고사 때는 이 부분에 초점을 맞춰 공부 방향을 조절했어요. 무작정 문제를 풀고 모든 내용을 외우기보다는 개념 설명 부분을 확실히 외우는 데 집중했지요. 그 결과 기말고사에서는 100점이라는 만족스러운 성적을 받을 수 있었어요. 시험지를 꼼꼼히 분석한 덕분이지요.

(2) 시험지를 뜯어보면서 출제자의 입장에서 예상하기

자, 그럼 이제 시험지를 어떻게 분석해야 하는지 알려줄게요.

시험지 분석 방법

준비물

중간고사 또는 저번 학기, 작년, 재작년 내신 시험지

1. 시험 범위에 해당하는 학교 내신 시험지와 교과서, 자습서를 펼친다.
2. 오픈 북 시험을 본다고 생각하고 각 선지의 출처를 교과서 또는 자습서에서 찾는다.
3. 출처를 찾았다면 큰 목차 부분은 형광펜, 세부 내용에 해당하는 부분은 빨간펜으로 별표 표시를 한다.
4. 평일에는 시험 범위에 맞춰 진도를 나가며 공부하고, 토요일과 일요일은 1~3번까지의 과정을 거치며 시험지를 분석한다.

지난 시험지를 옆에 두고 공부하면서 '선생님은 이번에 시험을 어떻게 출제하실까?', '이 과목은 이렇게 출제될 것 같은데?', '이 내용은 이런 식으로 변형해서 출제되지 않을까?' 하면서 계속 비교하는 거예요. 한 번, 두 번 본다고 해서 바로 출제 방식이 파악되지 않아요. 옆에 두고 계속 살펴봐야 '이번 시험에는 교과서의 이 부분에서 출제되겠구나!', '이런 유형이 이 정도 난이도로 출제되겠시!' 하면서 시험을 준비하는 시야가 생겨요. 오른쪽의 예시처럼 말이에요. 시험 문제의 갈피가 잡히니 자신감도 생겨서 더 열심히 공부할 수 있지요.

시험지를 어디서 어떻게 구해야 하는지 막막한가요? 저는 시험이 끝나면 학교의 친한 선배에게 가서 시험지를 달라고 했어요. 내년 또는 내후년에 해당 시험지를 꺼내 분석해서 공부하는 데 활용하려고요. 요즘에는 '큐비, 기출비, 족보닷컴'과 같이 학교 기출 문제를 받을 수 있는 앱이나 사이트도 있으니 시험 전에 찾아서 준비해요. 시험 4주 전까지 구해서 시험 대비를 시작하세요.

"똑같은 실수를 반복하지 말자"

과목	분석
국어	1. 학습활동 → 서술형으로 (질문에 대한 답문 답변할게 쓸수 있을때까지 !!) 2. 어휘 → 고난도
영어	1. 교과서 본문 제목 → 서술형 2. 단어 (유의어 & 반의어) 암기 → 고난도
수학	★3콤보 잘하자 ★
사회	1. 선생님 수업 Print 빈칸 → 주관식 2. 사료+자료 분석 문제로 → 객관식
역사	1. 부교재 개념 정리 Print → 주관식 (나만시로 암기) 2. 인물 이름 바꿔출제 .. 꼼꼼하게 암기하자 !!

공부의 숲 가꾸기

시험이 끝났는데도 아직 시험지 분석을 하지
않은 주민들이 있다는 소식을 들었습니다.
미루지 말고 오늘 당장 실행하세요!

과목	시험 문제 출처 찾기
㉖ 국어	1. 서술형: 학습 활동 그대로 2. 고난도 문제: 시대 상황이 같은 지문 2개를 비교하는 문제 　　→ 이번 시험 범위에 고려가요가 있으니, 고려가요의 특징 　　무조건 암기!

나만의 시험지를 만들자

공부한 만큼 성적이 잘 나오지 않는다면 암기를 놓쳤을 확률이 높아요. 제가 십 대 때는 물론이고 대학생이 되어서도 과 수석을 할 수 있었던 비법을 소개할게요. 일명 '나만의 시험지' 공부법입니다.

@danghamchaeggong · 1개월 전 (수정됨)

갓 고등학생인 친구들에게 백지노트는 정말 꼭 추천드리고 싶어요 1년 전부터 구독하고 조금씩 따라해왔는데 백지노트는 시간 낭비라고 생각했거든요.. 그렇게 공부한 결과가 고등학교 첫 내신이 2.5였어요 근데 정말 이 공부방법 복붙으로 1달 반동안 해보고 1.3까지 올랐습니다! 사실 그 전까지 전교 n등 이라는 게 감히 넘을 수 없는 벽까지 느껴졌던 사람이었거든요 공부방법을 모르겠다고 하는 친구나 혹은 자기 방법이 확실한지 모르는 친구는 똑같이 따라 해보거나 조금씩 맞는 방법으로 변형시켜서 꼬옥 했으면 좋겠어요! 지금도 알려주신데로 단권화 중이랍니다~

👍 307 👎

@user-jl3ze1el6u · 2주 전

여러분 이번시험 평균 98.3 맞으면서 구슬쥬님 영상에 계속 나온 나만의 학습지가 생각보다 효과가 커서 놀랐습니다 😮 여러분들도 나만의 시험지가 시간낭비라고 생각하지 마시고 꼭 해보세요 👍

'나만의 시험지'란 공부한 내용 중 주요 개념을 백지에 직접 정리하면서 미흡한 부분을 찾고 보완하는 공부법이에요. 시험 2주 전부터 만들기 시작해서 시험 일주일 전부터는 7장을 복사해서 매일 한 장씩 풀면서 테스트하고 암기해요.

시중에 나와 있는 문제집이나 학습지도 많은데 왜 직접 만들어야 할까요? 첫 번째 이유는 눈으로만 보면 절대 암기가 되지 않기 때문입니다. 교과서를 무작정 많이 읽는다고 공부했다고 말할 수 없어요. 공부한 내용을 바탕으로 시험에 출제될 만한 핵심 개념들을 내 손으로 직접 써봐야 머릿속에 각인되지요. 두 번째로는, 남이 만든 문제만 풀면 중요 개념을 파악하며 공부하기가 어려워요. 당장 문제를 푸는 과정에만 집중할 뿐 각 문제가 출제된 이유는 고민하지 않게 되지요. 나만의 시험지를 만들어야 하는 마지막 이유는 아는 것과 모르는 것을 명확하게 구분할 수 있기 때문이에요. 공부한 내용을 직접 손으로 정리하면 내가 완전히 익힌 내용과 그렇지 않아 공부가 더 필요한 내용을 파악할 수 있어요.

위에 정리한 세 가지 이유 중에서 마지막 이유가 가장 핵심이에요. 나만의 시험지를 만들고 살펴보다 보면, '아! 이 내용은 내가 문제를 풀 때 계속 헷갈렸던 부분이니까 더 신경 써서 외워야겠다.' 하고 생각하면서 문제를 만들게 돼요. 그렇게 모르는 내용을 명확하게 익히는 과정을 반복하니까 시험에서 해당 내용과 관련

된 문제가 나왔을 때 맞힐 수밖에 없지요. 수업 시간에는 공부했던 내용이 머릿속에 둥둥 떠다녔다면, 나만의 시험지를 직접 쓰고 빈칸을 채워보면 차곡차곡 쌓이는 느낌이 들 거예요.

사람마다 이해가 잘되는 파트와 그렇지 않은 파트는 모두 달라요. 그렇기에 시험 범위가 같은 옆 반 친구가 만든 나만의 시험지와 내가 만든 나만의 시험지는 다를 거예요. 나에게 맞춤형 문제를 만드는 작업은 꾸준히 고민하면서 이루어지기에 시간이 오래걸릴 수밖에 없어요. '이렇게 하는 게 맞나?' 하는 생각도 들고 비효율적인 과정이라는 생각이 들 수도 있어요. 하지만 시험을 마친뒤에는 나만의 시험지가 성적 향상을 불러오는 최강의 암기법이었다는 것을 깨닫게 될 거예요. 나만의 시험지를 만들고 활용하는방법은 다음과 같이 3단계로 정리할 수 있어요.

나만의 시험지 3단계 법칙

✔ 1단계: 소단원 단위로 '누군가에게 설명하듯' 말하며 복습하기

학교 수업 때 받은 프린트 또는 학교 교재를 펼쳐, 마치 스스로 과외 선생님이되었다고 생각하며 학습한 내용을 말로 설명해요. 그동안 공부해서 한 권으로모아둔 단권화 교재를 기반으로 주요 개념을 설명하면 돼요. 아직 암기해서 말할 단계는 아니에요. 입 밖으로 소리 내어 중얼중얼 말하다 보면 내 머릿속에 정리가 완벽히 되어 암기까지 된 부분과 그렇지 않은 부분이 구분될 거예요. 이 단계에서는 아직 완벽히 정리되지 않은 부분이 훨씬 많은 게 당연해요. 완벽히 암기된 부분을 나만의 시험지에서 제거하기 위한 단계이니, 아직 암기가 필요한부분을 표시하며 쭉 읊어보세요.

✔ 2단계: 암기+공부가 필요한 세부 내용을 나만의 시험지로 만들기

A4 용지에 소단위 순서대로 주요 개념을 하나씩 정리해요. 이때 1단계에서 이미 암기했다고 판단된 부분은 제외하고, 핵심 개념이라 꼭 암기해야 하는 부분은 서술형으로 직접 써볼 수 있도록 만들어요. 힌트를 많이 남기지 않는 게 핵심이에요. 예를 들어 흥선대원군의 업적 5가지가 있다면 아래와 같이 숫자만 앞에 적고 뒷부분은 모두 빈칸으로 뚫어 놓는 거예요. 어떤 부분을 나만의 시험지로 만들어야 할지 감을 못 잡겠다면 128쪽부터 실려 있는 과목별 내신 공부법 내용을 참고하세요. 과목별로 '이 부분은 꼭 외우세요!' 하는 내용을 정리해 두었어요.

흥선대원군의 업적 5가지

1.   4.

2.   5.

3.

저는 고등학생 때 과목별로 가장 적게는 3장, 많게는 7장까지 나만의 시험지를 만들었어요. 만들다 보니 아직 헷갈리는 개념이 많아서 나만의 시험지 분량이 늘어나더라도 조급해하지 않아도 돼요. 나만의 시험지를 만들지 않고 그저 문제만 풀고 있는 학생보다 한발 앞서가고 있다는 사실에 자신감을 얻고 꾸준히 정리해요.

✔ 3단계: 나만의 시험지를 7장 복사해 반복해서 풀기

시험 일주일 전부터 과목별로 매일 나만의 시험지를 1개씩(기타 과목은 2일에 한 번씩) 풀어요. 나만의 시험지를 만들고 처음 풀 때는 정답률이 약 20~30% 정도 될 거예요. 당연히 처음에는 암기가 완벽히 된 상태가 아니니 빈칸을 채우기가 어려워요.

이후 작업이 중요해요. 빈칸을 채우지 못한 70~80% 부분을 집중해서 암기해요. 말로 설명하거나 손으로 쓰면서, 산책하면서 등 자신에게 가장 잘 맞는 암기 방법을 활용하며 외워요. 첫날에는 정답률이 낮지만 다음 날 50%, 그다음 날 70% 정도를 기록하다가 시험 전날에는 90% 이상의 정답률이 나타날 거예요. 그렇게 나만의 시험지로 테스트를 보면서 모든 빈칸을 완벽히 채울 때까지 반복해요.

이처럼 3단계에 따라 나만의 시험지를 만들고 반복해서 풀다 보면 시험 전날에는 약 95% 이상 머릿속에 각인되었을 거예요. 그럼 나머지 5%는 어떻게 채울까요? 이때도 나만의 시험지를 만든 방식과 비슷해요. 마지막까지 외워지지 않는 부분을 A4 용지에 정리해 두고 잠에 드는 거예요. 그리고 시험 당일 아침에 일찍 일어나 암기해요. 신기하게도 전날까지는 절대 안 외워지던 내용이 시험 직전에는 금세 외워질 거예요.

나만의 시험지 공부법은 수학, 영어 과목을 제외하고는 모든 과목에 활용할 수 있어요. 수학은 학교 선생님이 수업하시는 교재로 3콤보 공부법을 진행하면 되고(자세한 수학 공부법은 161쪽을 확인하세요), 영어는 어법 선택, 빈칸 채우기, 서술형 연습 자료를 활용해서 공부하면 됩니다(자세한 영어 공부법은 147쪽을 확인하세요).

Q 나만의 시험지를 만드는 과정에서 이미 빈칸의 정답을 모두 외우게 돼요.

A 나만의 시험지를 만들 때는 되도록 백지 테스트에 가깝게 만들어야 합니다. 서술형으로 쓸 수 있게 말이지요. 시험지에 힌트를 많이 남기면 안 돼요. 서술형으로 답하도록 만들기 때문에 처음 풀었을 때는 정답률이 20~30%밖에 안 되는 거예요. 암기하는 게 처음에는 힘들겠지만 반복해서 연습할수록 정답률이 늘어가는 성취감을 꼭 경험하길 바라요.

Q 나만의 시험지를 어떤 형식으로 만들어야 할지 모르겠어요.

A 나만의 시험지 예시를 보고 싶다면 네이버 카페 '공부맛집 구슬쥬'를 검색해 들어오세요. 또래 친구들이 만든 나만의 시험지를 볼 수 있어요. 여러분이 만든 나만의 시험지도 공부맛집 카페에 공유해 주면 센스 만점 공부의 숲 주민!

방학 계획에서 빠지면 안 될 TOP 5

방학을 맞이한 주민들은 모두 집중하세요! 방학은 성적을 역전할 수 있는 절호의 기회예요. 구슬쥬 이장의 방학 계획 꿀팁 5가지를 보고, 나만의 방학 계획을 세워보자고요!

(1) 매일 3시간씩 수학 문제 풀기

매일 학원에 가거나 과외 수업, 인터넷 강의를 많이 듣는다고 해서 성적이 오르지 않는다는 건 모두 알고 있지요? 수업을 '듣기'만 해서는 절대 내 실력이 쌓이지 않아요. 스스로 문제를 풀고 고민하는 과정을 거쳐야만 비로소 성적이 오르지요. 특히 수학은 단기간에 실력이 쌓이지 않고 꾸준한 노력이 필요한데, 학기 중에는 수업 진도를 따라가면서 수행평가도 하고 동아리 활동도 해야 하니 진득하게 수학 공부에 몰입할 시간이 부족해요. 그러니 비교적 시간 여유가 있는 방학 때 집중해서 기반을 탄탄히 다져놔야 하지요.

수포자라서 수학은 쳐다보기도 싫다고요? 수학이 어렵게 느껴지는 건 단기간에 성적이 오르기를 기대하기 때문이에요. 적은 노력으로 바로 성적 향상을 바란다면 누구나 수학을 포기하고 싶은 마음이 생길 수밖에 없어요. 수학의 기본 개념을 이해하고 유형을 익히는 건 물리적인 시간이 필요한 과정이에요. 기본 원리를 제대로 이해하지 못한 상태에서 바로 문제에 돌입하니 계속 문제를 틀리고 공부하기가 싫어져요. 정말 수학 실력을 높이고 싶다면, 우선 방학에 하루 3시간 만이라도 수학 공부에 투자하세요. 욕심내어 하루에 4~5시간을 공부하다가 3일 만에 포기하지 말고, 매일 3시간만 꾸준히 도전하는 거예요.

수학 문제를 풀다가 모르는 문제가 나왔을 때는 풀이 과정을 3분 내외로 차분히 고민한 다음 답지를 펼쳐 해설을 읽어요. 그리고 다시 문제로 돌아와 해설을 떠올리며 혼자 힘으로 문제를 다시 풀어요. 답지를 보고 푼 문제는 꼭 표시해 두고 다음 날 한 번 더 풀어요. 다음 날에도 풀이 과정이 헷갈린다면 또 답지를 보고, 그 다음 날에 같은 문제를 다시 풀어요. 답지의 해설이 완전히 나의 것으로 흡수될 때까지 계속 반복해서 익히는 거예요. 여러 번 내힘으로 풀다 보면, 비슷한 문제를 만났을 때 풀이 패턴이 자동으로 떠오르는 마법이 펼쳐질 거예요. 그리고 수학에 자신감에 생기고 수학 문제를 푸는 게 재밌어지지요.

(2) 매일 1시간씩 국어 독해력 채우기

방학 때 국어 공부는 나의 약점을 채우는 시간이에요. 만약 국어 노베이스라면 방학 동안에 개념 인강을 들으며 정리하고, 개념까지는 이해를 마친 상태라면 문학 또는 비문학 지문을 하루에 최소 1개씩 꼼꼼히 풀어요. 국어는 문제를 빠르게 많이 푼다고 성적이 오르는 과목이 아니에요. 지문을 꼼꼼히 곱씹으면서 독해 실력을 키워야 하지요. 결국 국어 시험은 지문을 정확히 읽어야만 문제를 풀 수 있으니까요.

처음 국어 지문을 읽을 때 내용을 완벽히 이해하려고 하면 30분 이상이 걸릴 수도 있어요. 그래도 멈추지 말고 매일 꾸준히 읽어야 독해력이 올라가요. 방학 기간에 이렇게 독해력 훈련을 꾸준히 해두면 학기 중에 수업 진도를 따라가는 것도 훨씬 수월할 거예요. 수업 시간에 새로 배우는 지문들이 쉽게 읽히고 이해될 테니까요.

(3) 매일 30분씩 영어 단어 암기하기

　많은 학생이 방학 때 영어 공부는 무엇에 초점을 맞춰야 하는지 자주 질문해요. 저는 단연코 '영어 단어 암기'라고 답해요. 물론 독해나 문법까지도 함께 공부하면 너무나 좋겠지만, 그것이 어렵다면 영단어 암기만은 필수라는 점을 명심하세요. 독해나 문법 공부보다 가장 기본이 되고 중요한 게 바로 영단어 암기이기 때문이에요. 방학 동안의 영단어 암기는 마치 적금과 같아요. 하루 30분씩 영단어를 암기할 때마다 다음 학기 성적이 쌓이는 거예요. 방학 동안 적금을 많이 해둔 학생들은 당연히 다음 학기 때 다른 학생들보다 공부하기가 훨씬 수월해요.

　책장에서 잠자고 있는 단어장을 꺼내 Day 1부터 매일 30분씩 암기하세요. 오늘 Day 1, 2를 외울 예정이라면 미리 테스트지를 만들어요. 뜻은 제외하고 영단어만 쭉 적어두는 거예요. 그리고 타이머를 30분 동안 맞추고 단어들을 암기해요. 시간을 정해야 더 집중할 수 있어요. 영단어를 암기할 때는 입 밖으로 소리 내어 읊거나 종이에 달달 쓰는 등 자신에게 편한 방법으로 외우면 돼요. 저는 주로 이면지에 영어 스펠링을 천천히 쓰고 말로 내뱉으며 머릿속으로 뜻을 연상하는 방법으로 암기했어요.

　30분 동안 암기가 끝나면 만들어 둔 테스트지로 자가 시험을 보고, 채점 후에 틀린 단어들은 모아서 주말에 다시 외워요. 즉 평일에는 새로운 단어들을 외우고 주말에는 틀린 단어만 반복해 암기하면서 단어들을 머릿속에 쌓아가요. 이렇게 방학 동안 매일 암기한 영단어는 이후에 문장을 독해하는 데도 탄탄한 기반이 되는 귀한 자산이에요.

(4) 매일 30분씩 운동 및 산책하기

고등학생 때 내내 전교 1등을 하고 SKY 대학에 모두 합격한 전설의 선배가 있어요. 하루는 그 선배를 찾아가 공부를 잘하는 비결을 알려달라고 했지요. 그랬더니 선배는 한식을 먹고 꾸준히 운동하라고 조언하더라고요. 몸이 건강하고 컨디션이 좋을 때 공부 집중력도 높아지니 꼭 소화가 잘되는 음식을 먹고 운동하면서 건강한 루틴을 유지하라는 말이었어요. 그 당시 선배는 방학 때 농구와 달리기를 하면서 건강도 되찾고 성적도 많이 올랐다더라고요.

방학이야말로 체력을 기를 수 있는 절호의 기회예요. 규칙적으로 운동하면 두뇌 회전도 빨라져요. 운동으로 기분 전환도 되고 스트레스도 해소되어 몸도 건강해지는 건 모두가 알고 있지만 학기 중에는 공부에 뒷전이 되어버리지요. 방학 때는 30분 만이라도 운동에 투자하세요. 땀을 뻘뻘 흘리는 고강도 운동이 아니어도 돼요. 집 근처를 가볍게 산책하는 것부터 시작해요. 평소 관심이 갔던 운동에 도전하는 것도 좋아요. 핸드폰을 들여다보는 시간 대신에 운동하는 습관을 들입시다.

참고로 구슬쥬 이장은 요즘 유튜브에서 '빅씨스' 언니의 영상을 보고 매일 10분씩 운동을 따라 하고 있어요. 공부의 숲 주민 여러분도 따라 하는 운동 영상이 있나요? 인스타그램에 스토리를 올리고 **#공부의숲루틴**과 @gong_joostudy를 태그해서 공유해 주세요.

(5) 일주일에 한 번 독서하기

인생은 각자가 원하는 삶의 방식을 발견해 가는 여정이에요. 꿈을 키우려면 보고 경험한 게 많아야 하는데 학생 때는 무엇보다 공부에 몰두해야 하는 시기이니 다양한 경험을 하기에는 한계가 있지요. 그 대신 책을 통해 나의 세상을 넓힐 수 있어요. 학교에서 정해주는 '방학 동안 읽을 책 추천 리스트'가 아니라, 직접 서점에 가서 나의 진로나 관심 분야에 맞는 책을 하나씩 발견할 때 말이지요. 내 꿈에 더 가까워지는 독서법은 254쪽에 자세히 적어두었으니 확인하세요. 방학 때 일주일에 한 번씩이라도 그 과정을 거치면 공부하는 데 동기 부여도 될 수 있고 내가 하고 싶은 일이 더 구체화되는 경험을 할 수 있어요.

 방학 계획 세우기

이번 방학에 꿈꾸는 여러분의 일상은 어떤 모습인가요?
다음 칸에 계획을 적거나 그림을 그려 기록하세요.

구슬쥬 이장만의 과목별 내신 공부법을 소개할게요.
다른 주민들이 직접 먼저 실천해 보고 성적이 향상되었다고
검증한 공부법만을 담았으니 여러분도 눈 크게 뜨고 따라오세요.

ZIP. 3

공부의 숲
특화 공부법을
장착하세요

5

다른 과목 점수까지 상승시키는
국어 공부법

국어 공부는 단권화가 시작이다

@user-bh2fw7ov7s · 1년 전
언니... 언니 진짜 그저 빛이세요... 이번에 새로 고등학교 올라간 고1 학생인데... 저희 학교 국어가 악명 높기로 소문난 자사고에 여고기든요ㅠㅠ 근데 단권화 정리 진짜 열심히 하고 언니가 알려주신 거 압축해서 딱 일주일 동안 공부했더니 오늘 국어 시험 문법 빼고는 딱 하나밖에 안 틀렸어요ㅠㅠㅠㅠ 진짜... 문법 때문에 다 말아먹기는 했는데... 그래도 행복해요ㅠㅠㅠㅠ ㅠ 솔직히 공부하면서 이걸로... 내가 점수가 나올까... 하고 의심도 해보고(처음 해보는 방법이라서...) 많이 불안했는데... 진짜 제가 몸소 느껴보니까 알겠더라구요... 기말 때는 4주 플랜 맞춰서 부지런히 공부하고 올백 도전해볼게요ㅠㅠㅠㅠㅠ!!! 언니 사랑해요ㅠㅠㅠㅠㅠ 알라뷰ㅠㅠㅠㅠㅠ

구슬쥬 이장의
단권화 공부법을
먼저 경험한
주민들의 후기

@user-vg5ul5dt9z · 1년 전
은수
후기 올립니다!
원래 국어를 정말 못해서 70점을 넘은적이 한번도 없었는데 이 공부법으로 90점 위로 올렸습니다!
첨엔 나한테 이 공부법이 맞나 싶었는데 단권화를 하고 문제를 별로 풀지도 않고 정말 단권화를 열심히 했는데 결국엔 이 공부법이 저한테 맞았어요!
덕분에 희망이 생겼어요 저의 구세주 구슬쥬님!
정말 감사드립니다!!!🖤🖤🖤

@user-jf2qn4kk5h · 1년 전(수정됨)
헐 이거 진짜에요ㅠㅠㅠ 제가 공부 안하다가 2주 전부터 국어 only 교과서로만 공부 했는데 따로 풀었던 기출 문제 중에서 틀린문제 개념을 교과서에 적어놓고 외웠는데 1개 틀려서 97점 맞았어요ㅠㅠㅠ 언니 최고 앞으로 이 방법만 사용할게요ㅜ사랑해요 🖤 🖤

   국어 시험을 위해 열심히 공부했는데, 시험 당일에 시험지를 막상 받아보니 '어…….. 이 문제는 문제집에서 풀었던 것 같은데…….. 학교 수업에서 쌤이 별표 치라고 했던 부분이었나…….' 하고 고민만 하다가 결국 문제를 틀린 적이 있나요? 저는 특히 국어 시험을 볼 때 아무리 열심히 준비했어도 정답을 찾지 못하고 헷갈린 적이 많아요. 아무리 많은 문제집을 풀고 내용을 달달 암기해도 성적은 80점대 이상을 넘기기 어려웠어요. 돌파구를 찾고자 여러 공부법을 시도하던 중, 국어 공부에서 반드시 거쳐야 하는 한 가지 공부 방법을 발견했어요.

저의 성적을 끌어 올려줄 수 있었던 국어 내신 공부법은 바로 '단권화' 공부법이에요. 단권화 공부법이란, 공부한 내용을 교과서(선생님이 수업하시는 주 교재)로 모두 모으는 공부 방법입니다. 학교 수업, 학원 수업, 인터넷 강의, 문제집 등 공부한 모든 것을 한 곳으로 모으는 방식이에요. 아마 단권화 공부법에 대해 한 번쯤은 들어봤을 거예요.

단권화 공부를 왜 해야 할까요? 쉽게 설명하면, 핸드폰 속에 저장된 수많은 앱의 폴더를 정리하는 과정이라 할 수 있어요. 내가 찾고 싶은 앱이 있어서 핸드폰을 켰는데 폴더 정리가 안 되어 있으면 당장 필요한 앱을 찾기 어려울 뿐 아니라 시간이 오래 걸리겠지요. 단권화 공부법을 실천하면 시험지를 받았을 때 이 문제가 학교 선생님의 필기에서 나왔는지, 문제집에 비슷한 문제가 있었는지 출처를 고민하지 않고 '이 문제는 문학 활동 3번에서 나왔던 거야!' 하면서 필요한 정보를 바로 떠올려서 정답을 고를 수 있어요.

단권화하는 방법은 다음과 같이 3단계로 정리할 수 있어요.

단권화 3단계 법칙

준비물

교과서 / 자습서와 평가 문제집, 프린트물 등 학습 자료들 / 3가지 색깔의 펜 /
포스트잇

✔ 1단계: 학교 수업 필기(검정색)

수업 시간에는 교과서에 검정색 펜으로 필기해요. 교과서에 필기할 공간이 부
족하다면 포스트잇을 활용하거나, 노트에 필기한 뒤 교과서에 붙여요.

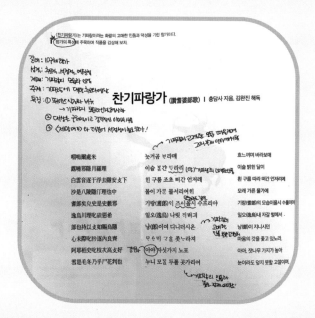

✔ 2단계: 추가적인 필기(파란색)

학원에서 배운 것, 인터넷 강의를 통해 알게 된 것, 자습서에 제시된 보충 자료
들을 교과서에 옮겨 적어요. 1단계에서 이미 필기한 내용과 중복되는 것들은 추
가하지 않아요. 새로운 정보들을 메꾸는 단계인 것이지요.

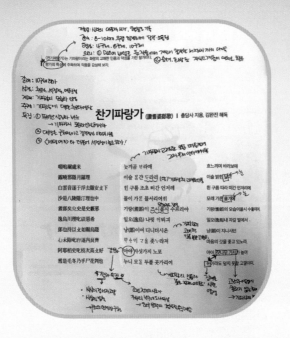

✔️ 3단계: 틀린 개념 필기(빨간색)

대부분의 학생이 문제를 풀고 오답을 문제집에 체크하지요. 하지만 한 번 푼 문제집을 다시 살펴보는 경우는 매우 드물어요. 그렇기에 문제를 풀고 틀린 개념이나 새롭게 알게 된 개념은 교과서에서 해당 부분을 찾아 함께 정리해요.

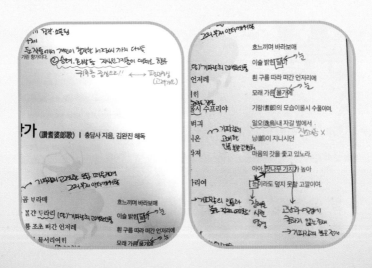

Q 단권화는 언제 해야 할까요?

A 시험 D-4주부터는 필수로 해야 하지만 아직 단권화가 익숙하지 않다면 D-5주차부터 슬슬 시작하세요. 익숙해지는 데 시간이 필요하니까요.

Q 구슬쥬 이장이 안내한 것과 다른 색깔의 볼펜을 사용해도 되나요?

A 네, 물론이에요. 하지만 자신만의 기준이 명확해야 해요. 예를 들어 학교 선생님의 필기는 초록색, 추가적인 필기는 검정색, 틀린 개념 필기는 분홍색 등 원하는 색깔을 정했다면 그 기준을 지키고 쭉 통일하면서 필기하세요.

Q 학교 선생님의 필기를 한 가지 색깔로 하다 보면, 더 중요한 부분(별표 칠 부분)은 어떻게 표시하나요?

A 형광펜을 사용하세요. 이때도 역시 학교 선생님이 중요하다고 말씀해 주신 건 노란색 형광펜을 사용하고, 스스로 공부하며 중요하다고 생각한 내용은 분홍색 형광펜을 사용하는 등 일관되게 구분하여 정리해야겠지요.

Q 이미 수업 시간에 다른 색으로 필기를 해서 교과서가 알록달록해요.

A 단권화를 알게 된 지금 이 순간부터라도 기준점을 지키는 필기를 하면 됩니다. 이제까지 필기한 것들은 그냥 두세요. 괜한 완벽주의로 '이번 시험에는 단권화하기 글렀네……'라며 시도조차 하지 않는다면, 결국 시작만 계속 미뤄질 거예요. 바꿀 수 없는 과거의 필기를 보며 탓하기보다는 지금 내가 바꿀 수 있는 부분부터 새롭게 도전하세요.

Q 단권화 3단계에서 '틀린 개념을 필기한다.'라는 게 무슨 뜻인가요?

A 문제집에 제시된 문제를 풀고 답지를 보면 설명이 나와 있지요. 그 설명 부분을 교과서 해당 부분에 필기해 놓는 거예요. 이 과정을 통해 교과서에 있는 설명들이 어떻게 문제로 만들어지는지 감을 잡을 수 있어요.

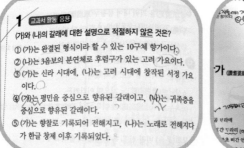 

(예) 문제집의 4번 선지에서 해당 지문이 귀족층을 중심으로 향유된 갈래임을 새로 배우게 되었다면, 교과서에 빨간색으로 '귀족층 중심으로!'라고 간략히 필기를 추가함. 이전에는 '승려, 화랑 등 지식인 계층'이라고만 필기하고 이해했는데, 문제를 통해 확실하게 깨닫게 된 개념을 교과서에 추가 필기함으로써 이해를 넓힘.

Q 단권화 공부법을 다른 과목에도 사용할 수 있을까요?

A 네. 단권화 공부는 개념 정리보다 적용 학습이 중요한 수학 과목을 제외하고는 모두 활용할 수 있어요. 특히나 방대한 개념을 배우는 국어와 탐구 과목에서 효과를 톡톡히 보는 공부법이지요.

Q 문법과 비문학 파트의 단권화 방식을 구체적으로 알려주세요.

A 문법과 비문학 파트도 단권화 공부법을 활용하는 것이 기본 원칙이에요. 그런데 여기에 추가해야 할 요소들이 있지요. 먼저 문법 파트에서는 예시를 단권화해야 해요. 세상에 있는 수많은 문법 예시들을 모두 살펴볼 수는 없으니 자습서와 평가 문제집 등 평소 사용하는 교재에 기반하여 새롭게 알게 된 예시들을 교과서에 모아요.

문법은 문제를 풀면서 개념을 흡수하는 경우가 많기에, 예시들을 그때그때 단권화하기를 매우 추천해요. 대부분의 학교 선생님들께서도 엄청나게 어려운 예시를 가져오기보다는 교과서나 자습서에 나온 예시를 주로 활용해 시험 문제를 출제하시기 때문이지요.

비문학 파트 시험의 핵심은 '해당 지문을 잘 이해했는가'예요. 하지만 교과서에 제시된 문장이 그대로 시험지 선지에 등장하지는 않지요. 담은 내용은 같지만 조금씩 다른 표현으로 제시돼요. 그렇기에 지문을 나만의 언어로 이해하고 머릿속에 정리해 두는 과정이 매우 중요해요. 그 첫 번째 단계는 비문학 지문 옆에 단락별로 요약을 적는 거예요. 각 단락의 핵심을 고민하면서 나만의 언어로 정리해요.

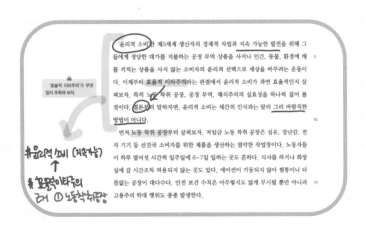

그다음 두 번째 단계는 지문에 담긴 내용과 주장을 직접 말로 설명하는 거예요. 앞에 누군가 있다고 생각하면서 해당 지문이 무엇을 의미하는지 풀어서 설명하다 보면 나만의 언어로 지문의 내용이 정리되고

머릿속에 쉽게 각인돼요. 이 두 단계를 모두 거치면서 비문학 파트를 공부한 다음 단권화 과정을 그대로 수행하면 시험 당일에 각 지문의 핵심을 떠올리며 문제를 잘 풀 수 있어요.

국어 시험 전 점검해야 할 3가지

공부의 숲에도 시험 기간이 찾아왔어요. 그동안 해왔던 것처럼 마지막까지 꼼꼼히 점검하고 정리하면서 시험을 준비합시다. 어렵지 않아요. 다음의 순서대로 차근차근 따라오세요.

(1) 자습서와 평가 문제집 준비하기

　출판사마다 국어 교과서에 실린 작품이 모두 다르므로 우선 우리 학교 출판사에 맞는 자습서와 평가 문제집을 준비하세요. 특히 자습서는 학교 선생님이 수업을 준비하시거나 시험을 출제하실 때 많이 활용하는 교재니까 반드시 구비해요. 학교 수업을 따라가지 못했을 때, 자습서가 교과서의 해설지가 되어주기도 해요. 평가 문제집은 내신 시험 문제를 출제할 때 가장 기본이 되는 양식이에요. 평가 문제집을 먼저 완료한 다음, 추가 문제집 또는 고난도 문제집으로 넘어가는 것을 추천해요.

(2) 학교에서 받은 프린트, 자료들을 교과서에 단권화하기

국어 선생님이 주신 프린트와 자료들은 고난도 문제로 출제될 가능성이 큰 지문입니다. 심화 문제를 출제할 때는 외부 지문을 활용해서 낼 수밖에 없거든요. 그때 가장 많이 활용하는 부분이 교과서의 '문학 활동' 중에서 시대 상황이나 주제가 비슷한 작품이에요. 선생님께서 해당 작품과 시대 상황이나 주제가 비슷한 작품을 프린트로 나눠주실 수도 있어요. 수업 시간에 받은 프린트는 해당 작품을 공부한 교과서 페이지에 스테이플러를 활용해 확실히 붙여두고 시험 기간에 함께 살펴보세요.

(3) 보충 자료를 미리 구비하기

시험 범위에 모의고사 지문이나 외부 교재가 포함된다면, 이와 관련한 보충 자료를 미리 구비해요. 예를 들어 윤동주 시인의 작품인 「별 헤는 밤」이 시험 범위에 해당되어 이와 관련한 문제를 살펴보고 싶다면, '기출비'와 같은 문제 공유 사이트에 '별 헤는 밤'을 검색하고 답지가 있는 문제를 골라 다운받아 놓는 거예요. 자료를 찾고 받는 데 시간이 꽤 소요되므로 해당 작업은 국어 시험 5주 전부터 시작하기를 추천해요.

'자료를 찾는 시간이 너무 오래 걸려요. 차라리 학원에 가는 게 빠르지 않을까요?' 하고 생각할 수도 있어요. 자료를 수십 개 이상 찾아야 한다면 학원에 가는 게 빠를 수도 있겠지요. 하지만 대부분의 인문계 중고등학교에서는 기본적으로 국어 교과서로 진도를 나가고, 추가적인 외부 지문은 대략 7개 언저리예요. 7개 정도는 학원의 도움 없이도 충분히 스스로 찾을 수 있는 양이에요. 자료를 찾는 연습이 되면 국어뿐 아니라 어떤 과목에서도 자신이 보충해야 할 자료를 잘 찾아낼 수 있는 노하우가 생겨요.

처음에는 자료를 찾는 시간이 오래 걸릴 수도 있습니다. 나에게 필요한 자료를 선별하는 건 쉬운 작업이 아니거든요. 하지만 이번 시험을 준비할 때 그 연습을 제대로 해두면, 다음 시험을 준비할 때는 시간이 훨씬 단축되고, 또 그다음 시험을 준비할 때는 나만의 루틴대로 척척 수월하게 움직일 거예요. 자투리 시간을 활용해 자료를 찾아보세요.

고난도 외부 지문을 푸는 힌트

　국어 과목은 살펴볼 외부 지문도 많고 범위가 넓어 막막해하는 학생이 많아요. 하지만 내신 시험을 준비할 때는 공부의 범위가 정해져 있다는 사실을 늘 명심하세요. 학교 시험 문제는 반드시 수업 시간에 배운 지문을 기반으로 하여 이와 관련된 연계 작품만 출제돼요. 아예 연관이 없는 작품이 아니라, 시대 상황이나 표현법 등 공통점이 있는 작품들이지요. 예를 들면 교과서에서 고려가요 작품 한 개를 배웠다면, 시험에서 외부 지문으로는 또 다른 고려가요가 등장하고 두 작품의 공통된 특징을 고르라는 문제가 출제되는 식이에요. 이때 우리는 모든 고려가요를 공부할 수는 없어도 교과서 대표 작품을 통해 고려가요에 대한 특징을 배웠으니, 이를 기억한다면 낯선 작품도 충분히 올바른 정답을 고를 수 있지요.

　또 다른 예시를 들어볼게요. 학교 수업 시간에 김수영 시인의 작품을 배웠다면 시험에서 김수영 시인의 다른 작품이 외부 지문으로 추가되어 출제될 수 있어요. 그럴 때는 당황하지 말고 수업 시간에 배운 김수영 시인의 작품상 특징과 주제를 떠올려 접근해요. 시험지에 나온 외부 지문이 그 시인의 지문인지 아닌지, 교과

서에서 배운 작품과 같은 시대의 작품인지 아닌지는 완벽히 알지
못하더라도 우리가 공부한 김수영 시인의 작품에 나타나는 특징과
주제를 명확히 알고 있다면 문제를 풀 수 있는 강력한 힌트는 이미
갖고 있는 거예요. 특히 'A, B 작품 비교' 유형과 같은 문제가 나왔
을 때 하나의 작품이라도 주제와 특징을 정확히 알고 있으면 해당
작품을 기준으로 모르는 지문을 비교하면서 충분히 답을 추론할
수 있어요.

교과서에 담긴 작품들은 시대를 이끌어간 문학 작품 중에서 대
표작을 뽑아놓은 것이에요. '외부 지문으로 무엇이 나올까?' 하며
불안해할 필요 없이, 교과서에 제시된 작품을 꼼꼼히 살펴보면서
두드러지는 특징을 지문별로 확실히 익히세요. 그다음 자습서를
펼쳐 교과서 작품의 연계 지문에 대한 힌트를 참고해요. 작가의
다른 작품, 시대적 배경이 유사한 작품의 예시가 정리되어 있으니
이를 참고하여 작품을 살펴보세요.

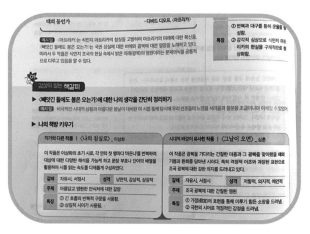

오늘의 표어

단.권.화.가. 밀.리.면.
시.험.점.수.도. 밀.린.다.

6

정답이 바로 떠오르는
영어 공부법

영어를 구조화하면 흐름이 보인다

무니 @user-kn8zi8rf9e · 1년 전 (수정됨)

구슬쥬님, 현 고2고요.. 이 영상 덕분에 지난 영어 기말고사에서 압도적으로 전교 1등을 차지해서 최종 1등급을 달성할 수 있었습니다!!!!! 사실 구조화와 내용 정리 정도는 간략하게 알고 있었기에 어느 정도는 하고 있었지만, 영어 한 줄에 한국말 한 줄로 코멘트 다는 것은 진짜 신선하게 느껴졌던 것 같아요!! 방식이 확립되니 정말 영어 내신의 길을 찾은 것 같은 기분이었습니다. 여러분 이렇게만 꼭 따라해 보세요ㅋㅋㅋㅋㅋ

👍 102　👎　🗨 13　♡

진 @user-pj7ke8vb6f · 4시간 전 (수정됨)

진짜 최고~
고1 아들 맘입니다.
구슬쥬님 영상을 보고 아들에게 추천했습니다. 고1 첫중간고사 영어 백점 맞았습니다. 그렇게 중3까지 영어 학원까지 다니면서 열심히 공부해도 항상 실수가 생겨서 힘들었던 과목이었습니다. 아들말이 구슬쥬님 공부법이 엄청 도움이 됐다고 말하더라고요. 기말시험도 기대됩니다. 성적나오면 다시 댓글 달겠습니다. ㅎ

👍　👎　🗨　🍒　⋮

@user-lz8bk3yr4w · 1년 전

고등학교 처음 들어와서 영어 내신 어떻게 해야할지 모르는 저를 언니가 알려주신 공부법대로 해서 영어 1학기 전교2등 했습니다..ㅠㅠ 진짜 영어 달달 안 외웠는데도 이 구조화 방식 따라가 모든 지문 다 한글로 정리하고 주제문장 무조건 쓰고 유형 맞춰서 공부하고 그 지문 읽을 때도 그냥 이야기책 읽는 느낌으로 읽어나가니까 집중도 훨씬 더 잘 됐어요ㅠㅠㅠㅠㅠ 진짜 감사합니다 사실 이제 2학기 중간고사 4주 남았는데 영어 공부하는 법을 까먹어서 다시 영상 보러 왔는데 정말 이 방법이 효과있다는 걸 다시금 뼈저리게 느끼고 가네요ㅠㅠ 언니 정말 감사합니다!!ㅠㅠㅠ

시험 기간마다 수업 시간에 배운 긴 영어 지문들을 모두 외워야 하는지 고민하고 있나요? 시험 범위가 넓어서 막막한가요? 많은 내용을 어떻게 소화할 수 있을까요? 그 방법은 바로 영어를 영어가 아닌 한국어로 접근하는 거예요. 영어 지문을 한국어로 요약 정리하면서 익히는 건데 이를 '구조화'라고 해요. 글의 맥락과 흐름을 잡는 방법으로, 구조화를 해두면 글의 구조가 한눈에 보이게 되어 시험 문제를 더 쉽고 빠르게 풀 수 있어요.

여러분의 지난 시험지를 펴보세요. 영어 시험에서 자주 출제되는 문제 유형은 주제 찾기, 일치·불일치, 흐름 배열, 문법, 서술형 문제로 구분돼요. 한번 생각해 보세요. 영어로 된 지문을 그대로 외우는 것보다는 각 지문의 흐름과 주제 등을 우리말로 요약 정리해서 익히면 훨씬 외우기가 수월하겠지요. 지문의 첫 문장만 봐도 내용이 떠올라서 주제 찾기, 일치·불일치, 흐름 배열 등의 문제들을 좀 더 쉽게 풀 수 있어요.

이것이 바로 영어 구조화 공부법의 힘이에요. 범위가 무제한에 가까운 모의고사 시험 유형과 다르게, 내신에서는 범위가 정해져 있기에 가능한 공부법이지요. 즉 영어 과목의 내신 시험에서 지문을 구조화하며 흐름을 암기했다면 객관식 문제 중 적어도 70%는 맞히고 들어갈 수 있겠네요. 지금부터 영어 지문을 구조화하는 방법에 관해 소개할게요.

구조화 5단계 법칙

✔ 1단계: 한 문장씩 나만의 언어로 정리하기

영어 지문을 읽고 한 문장씩 나만의 언어로 정리해요. 각 문장의 뜻을 적는 거예요. 이때 해설지에 적힌 그대로를 적는 것이 아니라 나만의 언어로 정리하는 게 중요해요. 지문 해석이 잘되지 않을 때는 해설을 읽고 방향을 잡을 수는 있어요. 하지만 단정한 언어로 정리된 해설을 옮겨 적어봤자 내 머릿속에는 하나도 남지 않아요. 나에게 익숙하고 쉬운 언어로 정리해야만 나중에도 자연스럽게 연상돼요.

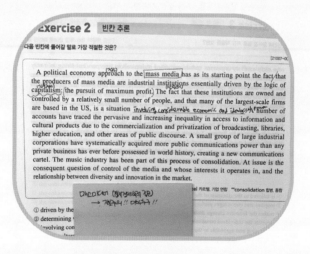

✔ 2단계: 중요 문법, 연결사는 영어로 작성하기

구조화는 한국어가 중심이지만 중요한 문법이나 연결사는 영어로 작성하기를 추천해요. 이를 통해 한국어로 지문의 흐름을 이해하고 익히면서, 시험에 자주 출제되는 문법이나 연결사는 영어 단어까지도 함께 기억할 수 있어요.

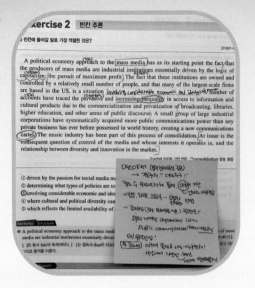

✔️ 3단계: 구조화 마지막에는 주제 문장을 적기

주제 문장은 서술형과 객관식 모두 단골 출제 유형이에요. 한국어로 구조화를 해놓았다면, 해당 지문이 무엇을 말하고자 하는지 파악될 거예요. 그것이 바로 주제 문장입니다. 주제 문장을 한국어 1줄, 영어 1줄로 적어주세요. 구조화를 했는데도 주제 문장이 무엇인지 모르겠다면, 자습서 또는 해설지를 참고하면 되겠지요? 그럼에도 모르겠다면 선생님께 질문해서 정리해요.

✔ 4단계: 구조화하며 모르는 단어는 꼭 외워두기

구조화는 일명 '노베이스' 상태에서도 활용할 수 있는 공부법이지만 해석의 기본이 되는 단어는 꼼꼼히 암기해야 해요. 내신 시험 범위에 해당하는 지문에서 모르는 단어들은 자투리 시간을 활용해서 꼭 암기하세요. 시험 범위 안에 있는 영단어를 외우지 않는다는 건 시험에 대한 예의가 아니랍니다.

✔ 5단계: 영어 지문을 소리 내어 읽기

한국어로 구조화한 뒤, 영어 지문을 소리 내어 읽어보세요. 그전에는 잘 이해되지 않던 부분까지도 쭉쭉 흡수되는 느낌을 받을 거예요. 5단계까지 마쳤다면 시험 때 적어도 해석이 되지 않아 문제를 틀리는 불상사는 생기지 않을 거예요. 자투리 시간을 활용해 구조화한 내용을 암기하고, 잠들기 전에는 당일에 외운 구조화를 영어로 소리 내어 읽으면 복습이 계속 축적되겠지요?

구조화 5단계를 거쳤다면 영어 시험 점수는 60~70점까지 확보된 거예요. 그럼 나머지 30~40점을 채우려면 어떻게 해야 할까요? 바로 문법 문제와 서술형 문제를 대비해야 해요. 지금부터는 100점을 향해 한 발 더 나아갈 수 있는 공부법을 소개할게요.

문법, 서술형은 단계별로 정복한다

가장 먼저 우리 학교 교과서 또는 외부 교재에 맞는 영어 문제와 관련된 자료를 다운받아요. 문법과 서술형은 자료를 활용해 반복해서 문제를 풀어야 해요. 학원에서 자료를 받는 학생들도 있겠지만, 학원에 다니지 않는 학생들은 '기출비', '황인영 영어카페', 'hwstudy', '서술형은 스승의날' 등의 자료 사이트들을 활용하세요. 시험 5주 전부터 해당 사이트에서 우리 학교 과정에 맞는 문제를 찾아 미리 다운받아 두는 것부터가 시험공부의 시작이에요.

시험 문제는 가장 쉬운 단계인 어법 선택, 그다음 단계인 빈칸 채우기, 가장 심화 유형인 서술형 문제까지 단계를 밟으며 공부해요. 어법 선택 문제는 예를 들면, 'run / running' 중 문장 속에 맞는 것을 고르는 문제 유형이에요. 영어 시험 문제 유형 중 가장 쉬운 단계로, 다양한 문제를 풀기보다는 같은 문제를 여러 번 반복하며 풀기를 추천해요. 그래야 내가 어디서 계속 틀리는지를 파악하고 보완점을 찾으며 공부할 수 있어요.

연속으로 틀리는 문제는 아직 그 지문을 확실히 머릿속에 익히지 못했다는 뜻이니 교과서(주 교재)에 꼭 표시해 두고 자주 살펴보며 암기해요(국어 단권화와 같은 원리예요). 그리고 그 부분만 시험 직전에 암기하면 더 완벽하겠지요. 저는 자주 틀리는 어법은 주황색 형광펜과 빨간색 볼펜으로 별표를 해두고 시험 전날에 해당 문장을 꼼꼼히 외웠어요.

문법 문제 예시

9번

The 21.[principal / principle] stepped on stage. "Now, I 22.p_____ this year's top academic award to the student 23.[who / what / with whom] has 24.[achieved / been achieved] the highest placing." He smiled at the 25.r___ of seats 26.[which / what / where] twelve finalists 27.[have / had] gathered. Zoe wiped a 28.s_____ hand on her handkerchief and 29.g____d at the other finalists. They all looked as 30.[pale / palely] and 31.[easy / uneasy] as 32.[her / herself]. Zoe and one of the other 33.[finalist / finalists] had won first placing in four 34.s_____s so it came down to how teachers ranked their hard work and 35.c_____. "The Trophy for General Excellence is 36.[awarding / awarded] to Miss Zoe Perry," the principal 37.d____d. "Could Zoe step this way, please?" Zoe felt as 38.[if / though] she 39.[was / were] in heaven. She walked into the thunder of 40.a_____ with a big smile.

(출처: 서술형은 스승의 날)

어법 선택 문제의 정답률이 약 90% 이상 되었다면, 빈칸 채우기 및 서술형 문제로 넘어갈 수 있는 단계예요. 앞서 어법 선택 문제를 공부했던 것과 마찬가지로 같은 문제를 여러 장 프린트하여 반복해 풀기를 추천해요. 오늘 풀 때는 정답률이 약 50%였다면, 다음 날 70%, 그다음 날 80%…… 이런 식으로 실력이 늘어가는 걸 경험할 수 있을 거예요.

처음부터 매일 새로운 문제를 푼다면 정답률이 50% 언저리에 머물고 제대로 공부한 것 같지 않은 기분이 들 거예요. 같은 문제를 반복해서 풀면서 정답률이 약 90~95%가 되었을 때 새로운 문제에 도전해요. 그동안 착실히 훈련했으니 새로운 문제도 85~90%의 정답률이 나올 거예요. 그때 또 나머지 10~15%를 채우기 위해 부족한 부분만 채우며 공부하면 되지요.

서술형 문제 예시

623. 다음 글의 제목을 주어진 내용을 참고하여 영어로 서술하시오

38번

When an ecosystem is biodiverse, wildlife have more opportunities to obtain food and shelter. Different species react and respond to changes in their environment differently. For example, imagine a forest with only one type of plant in it, which is the only source of food and habitat for the entire forest food web. Now, there is a sudden dry season and this plant dies. Plant-eating animals completely lose their food source and die out, and so do the animals that prey upon them. But, when there is biodiversity, the effects of a sudden change are not so dramatic. Different species of plants respond to the drought differently, and many can survive a dry season. Many animals have a variety of food sources and don't just rely on one plant; now our forest ecosystem is no longer at the death!

Sustainability / of / The / Biodiversity / for / Importance
지속 가능성을 위한 생물 다양성의 중요성

(출처: 서술형은 스승의 날)

서술형 문제는 특히 암기가 필수인 유형이에요. 그럼 어떤 문장을 주로 외워야 할까요? 바로 주제 문장과 주요 문법이 담긴 문장을 암기해야 합니다. 주제 문장은 앞서 구조화 단계에서 모두 발견하고 정리해 두었을 테니, 주요 문법이 담긴 문장을 찾는 노하우를 알려줄게요. 주요 문법은 교과서에서 각 단원이 시작하는 첫 번째 페이지 또는 본문이 끝난 다음 페이지에 정리되어 있어요. 예를 들어 2단원의 중요 문법으로 '수동태'가 제시되었다면 2단원 본문 안에서 수동태가 있는 문장을 모두 뽑아서 암기해요. 단원마다 보통 5~7개 정도의 문장이 추려질 거예요. 해당 문장은 학교 시험에 출제될 확률이 높으니 꼭 암기해요.

'시험 기간이 얼마 남지 않아서 모든 주요 문장을 암기하기가 어려운 상황이에요.'

만약 이번 시험을 앞두고 이런 상황이라면 늦게 시작한 자신을 탓하지 말고 '객관식이라도 다 맞히자!'라는 마음가짐으로 공부하세요. 과거를 후회하는 데 시간을 쏟지 말고 공부를 시작해요. 시험이 얼마 남지 않았는데 공부할 양이 많으면, 시작부터 지치게 될 거예요. 내신에서는 정신을 다잡는 것까지가 모두 시험이에요. 정신이 무너져서 50점을 받는 게 아니라, 마지막 일주일이라도 열심히 공부해서 70~80점이라도 받아야 유리하지요.

영어 시험에서 가장 우선순위는 무조건 구조화입니다. 답지를 보면서라도 구조화를 제일 먼저 끝내세요. 앞에서 정리한 [구조화 5단계 법칙(149쪽)]을 플래너에 적어두고 단계에 따라 훈련하면서 지문을 눈과 귀에 익히는 거예요. 여기까지 해서 객관식 문제를 웬만큼 맞힐 수 있는 단계가 되었다면, 추가적으로 어법 선택 문제에도 도전해 보세요. 생각보다 시험공부에 탄력이 붙어서 심화 단계까지 이어질 수도 있어요. 그러니 우선 시작해 봅시다.

Q 단어는 언제부터 외우나요?

A 학교 수업 중 모르는 단어가 나오면 바로바로 단어장에 정리하세요. 시험 D-4주가 되면 단어를 암기할 시간이 부족합니다. 공부의 숲 주민이라면 시험 준비를 본격적으로 시작하기 전에 모르는 단어가 없도록 미리 외워두는 센스를 발휘해야지요!

Q 구조화는 언제부터 하면 되나요?

A D-4주부터가 기준이지만, 구조화가 처음이라면 D-5주부터 진행하세요. 처음에는 시간이 더 오래 걸려요. 익숙하지 않으니까요. 한 주 더 일찍 시작해서 미리 익혀둡시다.

Q 자료를 찾는 데 시간이 너무 오래 걸려요.

A 자료를 찾는 작업은 원래 오래 걸립니다. 그래서 시험 D-5주차, D-4주차에 시작하는 거예요. 자료 찾기를 미루다 보니 시험이 얼마 남지 않아서 마음이 조급해지고 시간이 아깝게 느껴지는 거예요. 하지만 자료 찾는 연습을 한 번이라도 제대로 익혀두면, 다음번에는 훨씬 수월해지고 작업 시간이 점점 줄어들어요.

Q 현재 7등급인데 구조화로 시작하면 성적이 오를까요?

A 네! 7등급이라면 특히 구조화하는 연습을 통해 4~5등급까지도 올라 갈 수 있어요. 구조화할 때 해설지를 보고 하세요. 한국어로 정리된 내 용을 나만의 언어로 다시 요약 정리하고, 그다음에 영어로 소리 내어 읽으세요. 이 훈련을 하면 영어를 눈으로 읽어도, 한국어가 머릿속에 한 번에 떠오르게 될 거예요. 포기하지 말고 매일 영어에 2시간씩 투 자해 공부해 봅시다. 공부의 숲 주민들에게 포기란 없어요. 배추 장사 안 해요!

하.마.터.면.55.점.
구.조.화.후.99.점.

7

수포자도 구원할
수학 공부법

20점 이상 오르는 '3콤보 공부법'

 서현 @user-nt9bc4yf9g · 1년 전
근데 이거 진짜에요 저 학원다니면서 문제집 2권 풀었는데 70점대 나왔는데 학원 그만두고 진짜 딱 교과서만 3번 넘게 푸니까 거의 20점은 올랐음....;;;

👍 554   👎   38   💬   :

구슬쥬 이장의 3콤보 공부법을 먼저 경험한 주민들의 후기

 @user-kn8qr7lf2t · 3개월 전 (수정됨)
3콤보 공부법을 통해 두 시험 연속 100점 맞았어요! 3번 이상 맞을 때까지 풀고 틀린 문제도 다시 맞을 때까지 푸니까 시험지를 풀면서도 "이거 어디서 나온 문제네~~"가 딱 보이는 거 있죠! 3콤보를 하면 자연스러운 현상인 것 같아요. ㅎㅎ
그리고 저희 학교는 책검사를 해서 책에는 풀이과정이 써있었기에 교과서 PDF에 태블릿으로 풀거나 양면으로 인쇄해서 풀고 답지로 채점했어요. 저는 연습장보다 깔끔하고 기분이 더 좋더라고요. 꼭 한 번 해보시길 권해드리고 이 공부법을 알려주신 구슬쥬님께도 감사드려요~!

 나연 @user-zj8xz4gf4z · 1년 전
수학 3콤보는 진짜 중요한거 같아요ㅜ 마지막 중간 기말 수학을 구슬쥬 언니 덕분에 3콤보로 교과서 학습지 다 풀고 잘 안풀리는 문제는 5번 넘게 계속 풀었고 시험 직전까지 다시 풀어보고 시험장 들어갔는데 직전에 풀던 문제 변형이 나와서 쉽게 풀수 있었어요 여러번 푸니까 시험 칠때도 교과서 어디에서 변형됐구나! 학습지 몇번 문제랑 숫자만 바뀌었네! 가 다 보이더라구요ㅠ 덕분에 처음으로 수학 100점 맞아봤어요ㅠ!!!

👍 46   👎   💬   🧑   :

혹시 여러분도 수포자인가요? 이번 수학 시험을 생각하니 벌써 걱정되나요? 수학은 어디서부터 어떻게 공부해야 할지 감을 잡기가 가장 어려울 수 있는 과목이지요. 풀어야 할 문제도 많고요. 지금까지 수학 공부에 손을 놓고 있던 학생이더라도 도전할 수 있는 수학 내신 공부법을 소개할게요. 수학 공부가 막막했던 학생들도

다시 희망을 엿볼 수 있는 공부법이에요.

수학 내신 공부의 핵심은 교과서를 푸는 데서 시작해요. 여기서 교과서란 학교 선생님이 수업 시간에 진도 나가는 외부 교재를 포함하는 말이지요. 학원에서는 쉬운 문제만 반복할 수 없으니 학생들에게 고난도 문제까지 풀게 하곤 해요. 하지만 실상 고난도 문제를 제대로 소화할 수 있는 학생은 전교생 중 10% 안팎이에요. 1~2등급 안정권의 학생들이지요. 만약 여러분이 3등급 이하의 성적을 받고 있는 고등학생이거나 85점 이하의 성적을 받고 있는 중학생이라면, 지금부터 제가 소개하는 공부법을 우선순위로 공부하고 고난도 문제로 넘어가세요.

'우리 학교 시험 문제는 교과서에서 별로 안 나오던데요?'

이런 생각이 들었다면 여러분은 시험 문제에 숨겨진 교과서 변형 문제를 눈치채지 못한 거예요. 학교 선생님은 시험 문제를 낼 때 수업의 중심이 된 교과서를 중심으로 출제하시지만 난이도 조절과 등급 구분을 위해 고난도 문제를 2~5개 정도 섞으시지요. 이 고난도 문제들은 마치 수업 시간에는 배운 적 없는 새로운 문제처럼 보이지만 사실 교과서의 기본 문제들을 절묘하게 융합해서 만들어진 것들이에요. 풀이 과정을 살펴보면 충분히 교과서의 문제들을 활용해서 풀 수 있는 문제들임을 알 수 있어요.

심화해서 사고하는 과정이 필요한 고난도 문제는 교과서를 단지 한두 번 풀어서는 맞힐 수 없어요. 여러 번 반복해서 풀고 사고를 확장하면서 깨우치게 되는 거예요. 그래서 교과서 문제를 열심히 뜯어보면서 푸는 연습이 필요해요. 저는 그 공부법을 바로 '3콤보 공부법'이라고 이름 붙였어요. 3번 연속 문제의 정답을 맞힐 때까지 풀면서 문제에 담긴 원리와 풀이 과정을 확실히 흡수하고 넘어가는 공부 방법이에요.

3콤보 4단계 법칙

✔ 1단계: 교과서 속 문제 번호 위에 네모 3칸 그리기

교과서와 주 교재(학교 선생님이 수업 시간에 진도 나가는 외부 교재 등)에 있는 문제를 풀기 전에 각 문제 번호 위에 가로로 네모 3칸을 그려요. 그리고 연습장을 펼쳐 문제를 풀어봅니다. 교과서에는 절대 풀이 과정을 적지 않아요. 교과서 문제를 여러 번 풀면서 익혀야 하는데 풀이 흔적이 남아 있으면 다음에 다시 풀 때 방해되겠지요. 늘 새로운 마음가짐으로 문제를 풀기 위해 연습장에 문제를 풀어요.

9 이차식 $P(x)$에 대하여 $P(1-x)$를 $x-1$로 나누었을 때, 나머지는 4이고, $xP(x)$는 $(x-1)(x-4)$로 나누어떨어진다. $P(x)$를 $x-2$로 나누었을 때, 나머지를 구하시오.

✔ 2단계: 맞은 문제는 O, 틀린 문제는 X 표시하기

문제를 풀고 채점할 때는 맞고 틀림의 구분을 문제 내용이 가려질 만큼 큰 동그라미나 빗금으로 표시하지 않고 네모 칸 안에 O, X로 표시해요. 그리고 시험을 4주 앞둔 시점부터 문제를 주기적으로 다시 풀어보고 다음 네모 칸에 O, X로 채점해요. 한 문제를 하루에 세 번 연달아 푸는 게 아니에요. 문제의 풀이 과정이 손이나 눈에 익어서 정답을 맞히는 게 아니라 다시 새로운 마음가짐으로 고민하면서 풀어야 해요. 그렇게 같은 문제를 3번 풀고 처음 그렸던 3개의 네모 칸을 모두 채워요.

✔ 3단계: 'X'가 하나라도 있으면 다시 네모 3칸 추가하기

3콤보 공부법의 핵심은 문제를 확실히 맞힐 때까지 반복해서 푸는 거예요. 한 문제를 3번 반복해서 풀었는데 한 번이라도 틀려서 X표가 있을 때는 다시 네모 3칸을 그리고 3번 반복해서 풀어요. 이때도 마찬가지로 하루 만에 세 번을 푸는 것이 아니라 며칠 간격으로 풀어야 해요. 하지만 시험이 일주일도 남지 않은 상황이라면 오전에 한 번 풀고 저녁에 한 번 풀어도 좋아요.

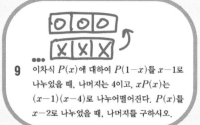

9 이차식 $P(x)$에 대하여 $P(1-x)$를 $x-1$로 나누었을 때, 나머지는 4이고, $xP(x)$는 $(x-1)(x-4)$로 나누어떨어진다. $P(x)$를 $x-2$로 나누었을 때, 나머지를 구하시오.

✔ 4단계: 3칸이 연속으로 'O'가 나오면 3콤보 완성!

축하합니다! 네모 3칸이 연달아 'O'로 채워졌다면 여러분은 해당 문제의 변형 문제를 시험장에서 바로 맞힐 수 있는 실력을 터득했어요. 문제를 보고 '아~ 대단원 5번 문제랑 9번 문제가 섞인 문제네!', '이 문제는 숫자만 바꿔서 나왔네!' 하고 바로 판단하면서 시간에 쫓기지 않고 풀게 될 거예요.

교과서에는 난도가 높은 심화 문제도 종종 있는데 3콤보 공부법으로 이 문제들도 여러 번 풀어보면 내공이 쌓일 거예요. 수학 과목의 내신 1~2등급이었던 저도 이런 심화 문제의 경우 같은 문제를 15번 이상 푼 적도 많아요. 수학은 반복 훈련이 가장 핵심이라는 사실을 기억하며, 포기하지 말고 연달아 3개의 O가 만들어지는 3콤보를 목표로 꾸준히 문제를 풀어보세요.

등급별 세부 수학 공부법

지금 여러분은 어느 정도의 수학 실력을 지니고 있나요? 현재 상황과 단계에 맞춰 차근차근 나아가 봅시다.

3~4등급에 도전하는 중상위권 주민인가요?

(1) D-4주 전까지는 개념 또는 유형 문제집에 집중!

내신 시험이 한 달 이상 남은 시점이라면 수학 공부에 가장 많은 시간을 투자해요. 수학은 평소에 차곡차곡 쌓아온 실력이 중요한 과목이므로 시험 D-4주가 되기 전까지는 학교에서 진도 나가는 범위에 맞춰 하루에 약 2시간씩 수학 개념 또는 유형 문제집을 풀며 기초를 다져야 합니다. 개념 문제집으로는 『개념원리』, 『수학의 바이블』, 『개념+유형』을 추천하고 유형 문제집으로는 『개념원리 RPM』, 『쎈』을 추천해요. 이때 혹시 기존에 사용하고 있던 문제집이 있다면 해당 문제집을 마저 풀어도 좋아요.

(2) D-3주부터 교과서 및 학교 프린트 3콤보 시작!

이 시기부터는 외부 문제집은 모두 접고, 학교 선생님이 수업하시는 교과서(학교 선생님이 수업 시간에 진도 나가는 외부교재 포함)에 집중해요. 추가 문제집을 풀 여유가 없어요. 온전히 교과서에 집중했을 때 3콤보를 끝낼 수 있어요. D-3주가 되었는데 계속 외부 문제집을 잡고 있다면, 3주 안에 교과서 3콤보를 못 끝낼 가능성이 굉장히 커요. 기본에 집중하며 내실을 다져요.

(3) 개념 문제집을 풀 시간이 없다면, 교과서+학교 프린트 3콤보에 집중!

만약 자신이 수학 과목에 노베이스 상태이고, 지금 이 글을 읽는 순간부터 수학을 공부하고자 한다면 외부 문제집은 제외하고 개념에 집중하세요. 학교 선생님이 수업하는 교과서와 외부 교재에만 집중해요. 노베이스라면 교과서 문제 3콤보를 달성하는 데도 시간이 오래 걸릴 거예요. 하지만 이번에 같은 문제를 반복하는 3콤보 공부법을 훈련하면서 수학에 조금씩 흥미를 느끼게 되고, 다음 시험에서는 조금 더 수학에 자신감을 갖는 자신의 모습을 발견할 거예요. 그러니 절대 포기하지 마세요.

1~2등급을 노리는 최상위권 주민인가요?

(1) D-4주 전까지는 개념 또는 유형 문제집에 집중!

최상위권 학생들의 수학 공부도 내신 시험이 아직 한 달 이상 남은 시점에서는 앞서 살펴본 3~4등급 목표 공부법과 동일해요. 학교에서 진도 나가는 범위에 맞춰 개념 또는 유형 문제집을 풀면서 내실을 다져요. 외부 문제집은 3콤보 공부법으로 훈련하지 않아도 되지만, 틀린 문제는 다음 날에 꼭 다시 풀어봐야 실력이 늘어요. 1~2등급을 노린다면 내신 집중 기간이 아닐 때 실력을 더 끌어올려야 해요. 틀린 문제를 다음 날 풀어보지 않고 쭉 진도만 나가면 실력은 결코 쌓이지 않아요. 하루에 수학 공부를 약 3시간 동안 한다고 하면, 그중 1시간 정도는 전날 틀린 문제를 다시 풀면서 탄탄히 익혀요.

(2) D-3주부터 교과서+고난도 문제 연습에 집중!

이 시기부터는 교과서 3콤보에 집중하기 시작해요. 교과서 중 쉬운 문제들은 학교 아침 자습 시간이나 쉬는 시간, 점심시간 등을 활용해 푸는 것을 추천해요. 수학은 공부 시간을 많이 투자한 만큼 실력이 오르는 과목이기 때문에 자투리 시간에는 쉬운 문제, 학교 수업이 끝난 뒤 자습 시간에는 고난도 문제를 연습하면서 촘

촘히 익혀요. 여기서 고난도 문제란 문제집을 풀면서 오래 고민해도 풀리지 않는 심화 문제들이에요. 이 문제들을 자주 풀면서 시험에서 만나게 될 킬러 문제를 대비해요.

(3) D-2주차부터는 교과서 3콤보에 올인!

남은 2주 동안은 교과서 3콤보에 올인해요. 만약 D-3주차에 킬러 문제 연습을 못했더라도 D-2주차가 되면 미련을 버리고 학교 선생님이 수업하시는 교재에 집중하는 게 내신 최상위권으로 향하는 지름길이에요. 결국 교과서 변형 문제들을 모두 맞히고, 킬러 문제 중 1개만 맞히더라도 1~2등급 안에는 들게 될 테니까요. 그러니 교과서 변형 문제에서 실수하지 않도록 시험까지 2주 동안은 교과서 3콤보에 집중하세요.

킬러 문제에 욕심을 부리다가 교과서 변형 문제들을 틀려 4등급을 받게 되면 그것보다 억울한 게 없지요. 시험장에 들어가기 전에 226쪽을 꼭 읽고 가는 것도 잊지 마세요.

Q 문제를 푸는 속도가 너무 느려서 속상해요. 시험지의 맨 뒷장은 보지도 못한 채 그냥 찍은 적도 있어요.

A 아마 시험 문제를 풀 때 '어떻게 접근해야 하지?' 하고 고민하게 되는 문제가 많았을 거예요. 고민하는 시간이 길면 시험 시간이 당연히 부족해질 수밖에 없지요. 문제를 보자마자 '아! 이 문제는 이렇게 접근해야겠다.'라는 판단이 바로 서도록 훈련해야 해요. 그 훈련이 바로 '3콤보 공부법'이지요. 같은 문제를 수도 없이 반복해 풀었으니 시험장에서는 문제를 보자마자 접근 방법이 바로 떠오를 거예요. 지체하지 말고 3콤보를 시작하세요!

Q 모르는 문제가 나왔을 때, 답지를 언제 봐야 할까요?

A 문제를 보고 3~5분 정도를 고민했음에도 아예 접근 방식조차 떠오르지 않는다면, 그건 30분을 고민해도 풀 수 없는 문제예요. 5분 정도 고민했다면 바로 답지를 보고 해설을 찬찬히 읽어보세요. 답지를 보는 게 문제가 되진 않아요. 단, 스스로 풀지 못하고 답지를 본 문제는 3콤보의 3칸에서 'X' 표시를 적고 다음날 꼭 다시 풀어봐야 해요. 아마 다음 날이 되면 또 풀이법이 잘 떠오르지 않아 답지를 보게 될 수도 있어요. 괜찮아요. 그런 문제들도 답지를 보며 5번 정도를 풀면 어느새 문제를 보자마자 접근 방식이 떠오를 거예요.

Q 수학 개념을 모두 익혔다고 생각했는데, 막상 문제를 풀 때는 헷갈리고 모르겠어요.

A 대부분 이런 고민을 하는 학생들 중 약 80% 정도는 오늘 개념 공부를 하고 바로 유형 문제를 풀지 않아요. 학원 또는 인터넷 강의로 개념 공부를 하면서 개념을 완벽히 머릿속에 익혔다는 생각이 들어도 곧바로 유형 문제를 풀면서 개념을 적용하는 연습을 하지 않으면 무용지물이에요. 개념을 이해한 다음 문제를 풀면서 각 개념이 어떻게 문제에 적용되는지를 스스로 익히고 깨닫는 연습을 하세요.

Q 개념을 공부하고 문제를 바로 풀었는데도 모르겠다면요?

A 답지를 보세요. 답지에 적힌 해설을 따라 살펴보면서 '아, 그 개념이 문제에 이렇게 적용되는 거구나!'를 파악해요. 그러면 다음 문제들은 답지 없이도 스스로 잘 풀 수 있을 거예요. 이때도 핵심은 답지를 보고 푼 문제는 그다음 날 다시 자기 힘으로 풀어봐야 한다는 거예요. 이 과정이 없다면 수학 공부에 아무리 많은 시간을 쏟아도 절대 높은 성적을 받을 수는 없어요.

Q 학원 없이 독학하기를 추천하시나요?

A 수학 과목은 무조건 독학하기보다는 학원이나 과외 등의 도움을 받아도 괜찮아요. 저는 인터넷 강의를 주요 학습 도구로 공부했어요. 학원에 가면 자습 시간을 많이 뺏기는 것 같아 그룹 과외 또는 도움이 필요한 파트만 단기 과외를 받았어요.

특히 수학은 수업을 듣는 시간보다 스스로 자습하는 시간이 많을수록 실력이 오르는 과목이에요. 혼자 풀이 과정을 고민하고 적용하면서 실력을 쌓게 되지요. 하지만 독학하다가 수업 진도를 놓쳐버리면, 구멍 난 부분을 채우기가 어려워요. 너무 진도가 뒤처져서 실력을 급상승해야 하는 상황이라면 무리해서 혼자 공부하지 말고 과외나 학원을 활용하고 자습하는 시간을 넉넉히 확보하세요.

Q 수학 선행은 얼마나 해야 할까요?

A 다음 학기 선행만이라도 꼼꼼하게 하라고 이야기하고 싶어요. 대부분의 학생이 1년 선행, 많게는 2년 선행을 하는 옆 친구를 보고 자신이 뒤처졌다고 생각하더군요. 하지만 막상 시험 점수를 비교해 보면, 한 학기 선행만이라도 꼼꼼히 한 학생들이 상위권에 들게 된다는 걸 바로 알 수 있어요. 인간은 망각의 동물이기에, 2년 치를 선행했다고 모든 게 기억에 각인되어 있지 않아요. 여러분의 속도에 맞춰 한 학기 정도만 선행하길 권합니다.

Q 도대체 수학 반복 학습을 어떻게 해야 하는 거예요?

A ① 개념 인터넷 강의 또는 학원 수업 후 그날 바로 유형 문제 풀기→② 문제의 풀이법이 떠오르지 않는다면, 빨간색 펜으로 별표를 한 다음 답지의 해설을 꼼꼼히 읽고 고민하기→③ 틀린 문제나 답지를 보고 푼 문제를 모두 다음 날에 다시 한 번 풀기

위 3단계를 평일에 매일 반복하고 주말에는 평일 동안 틀린 문제들과 답지를 보고 푼 문제들을 다시 풀어요. 수학 실력은 틀린 문제를 반복

적으로 풀며 훈련할 때 올라요. 오늘 틀린 문제를 다음 날 다시 풀면 또 틀릴 수 있어요. 그래서 문제를 보고 바로 풀이 과정이 떠오를 때까지 계속 반복하며 훈련하는 거예요. 정말 지루한 과정이지만 이 과정을 견디는 자만이 무너지지 않는 수학 성적을 얻어요.

Q 오답 노트 작성을 어떻게 해야 하나요?

A 오답 노트는 필수가 아니에요. 저는 오답 노트를 쓰지 않았어요. 처음에는 저도 오답 노트를 써봤는데 줄곧 다시 보지는 않게 되더라고요. 우리가 오답 노트를 쓰는 이유는 오답을 정답으로 만들기 위함인데, 정리만 깔끔하게 해두고 다시 보지 않는다면 작성할 이유가 없어요. 내신 수학 공부에서 '3콤보 공부법'을 강조하는 이유도 아는 문제는 최대 3번, 막히는 문제는 6번, 9번, …… 많게는 21번까지 풀어야 하는, 즉 오답 노트를 작성하지 않아도 틀린 문제를 계속 복습하게 되는 구조이기 때문이에요.

Q 학원 숙제 외에 다른 문제집도 풀어도 되겠죠?

A 저라면 다른 새로운 문제집을 푸는 대신, 학원 숙제 중에 틀렸던 문제를 맞힐 때까지 푸는 방법을 선택하겠어요. 다양한 문제를 많이 푸는 것보다 적은 문제라도 확실히 자기 힘으로 맞힐 때까지 푸는 것이 수학 실력을 높이는 데 훨씬 효과적이니까요.

오늘의 표어

매.일.매.일.수.학.공.부.
벼.락.치.기.안.통.한.다.

8

똑똑한 탐구&
기타 과목 공부법

문제집을 씹어 먹는 탐구 공부법

같은 문제집을 풀어도 누구는 90점, 누구는 60점을 받아요. 대체 어떤 차이가 있는 걸까요? 문제집을 꼭꼭 씹고 소화하는 5단계 탐구 과목 공부법을 소개할게요.

준비 단계: 과목마다 인터넷 강의 정하기

탐구 과목을 공부할 때는 인터넷 강의를 활용하세요. 물론 학교 선생님의 수업으로도 충분히 개념 이해가 잘 되어서 추가적인 강의가 필요하지 않을 수도 있어요. 하지만 수업에서 놓친 부분을 메꾸거나 개념을 잘 정리하고 싶을 때 인강을 들으면 혼자 정리하는 것보다 더 효율적으로 쉽게 이해할 수 있어요.

인터넷 강의는 무료 인강과 사설 인강이 있는데, 먼저 자신이 어떤 사이트를 주로 이용할 건지 정하는 게 중요해요. 무료 인강의 경우 가입만 하면 되지만, 사설 인강을 듣게 된다면 사이트별 선생님 강의를 단과로 끊을 것인지, 패스를 끊어 한 사이트에서 다양한 선생님의 수업을 들을지를 정해야 해요. 그러면 일단 선생님마다 OT 강의를 들어보려는 노력이 필요하겠지요?

구슬쥬 TMI

인강 사이트나나 과목별로 유명한 인강 선생님들이 있어서 대부분의 학생은 과목마다 여러 사이트를 넘나들며 다양한 강의를 듣지요. 그런데 저는 하나의 사이트를 정해 패스권을 결제해 들었어요. 그리고 과목마다 필요한 학습 자료들을 자유롭게 제공받아 활용했지요. 예를 들면, A 사이트의 패스권을 결제하고 국어와 수학 강의를 듣고 있는데 영어의 내신 자료가 필요하다고 해볼게요. 영어는 과외를 받아서 강의는 안 듣고 있는 상황이지만 그냥 강의 신청만 해두고 내신 자료를 다운받아서 활용하는 거예요. 이외에도 한 사이트에서 패스권을 결제하면 질문 게시판, 동기부여 챌린지 등 사이트 내부에서 진행하는 프로그램들을 자유롭게 활용할 수 있다는 장점이 있어요.

1단계: 인터넷 강의는 소단원별로 끊어서 듣기

시험 기간이 되면 마음이 급해져서 계획을 짤 때 '하루 만에 인강 다 듣고, 다음 날은 문제 풀기'처럼 무리한 계획을 세우게 돼요.

하지만 우리 뇌의 용량에는 한계가 있기 때문에 하루에 그 많은 강의를 다 듣고 제대로 이해하고 기억할 수 없어요. 한꺼번에 많은 양의 정보를 제대로 흡수하지 못하고, 복습하려고 보면 처음부터 새로 공부하는 느낌이 들지요. 그래서 소단원별로, 최대 인강 2~3개씩을 나눠서 듣고 소화하는 작업이 필요해요.

2단계: 인강을 들은 뒤에는 학교 교재로 복습하기

인강만 듣고 바로 책을 덮으면 공부한 게 머릿속에 남지 않고 날아가 버려요. 이걸 방지하기 위해 인강을 들은 뒤에는 바로 학교 교재로 복습해야 해요. 시험 문제는 인강 선생님이 아닌 학교 선생님이 출제하시니 학교 수업에 쓰이는 교과서, 프린트, 부교재 등을 모두 펴고 인강을 통해 새롭게 배운 내용들을 단권화하는 과정을 거쳐요(단권화하는 과정은 131쪽을 확인하세요). 단권화를 하지 않으면 아무리 공부해도 지식이 머릿속 어딘가로 새어나가고 있다는 기분이 들 수밖에 없어요.

3단계: 직접 말로 설명하며 복습하기

단권화를 하며 1차적으로 복습했다면, 그다음으로는 해당 개념들을 소리 내어 설명해요. 마치 내가 과외 선생님이 된 것처럼 말이지요. 눈으로 보며 이해하는 것과 내가 말로 설명하며 이해하는 것의 공부 효과는 차원이 달라요. 역사의 경우 말로 설명하면서 자연스럽게 머릿속으로 사건 순서나 내용이 정리되고, 과학의 경우 복잡하고 어려운 원리들이 말로 설명하면서 쉽게 이해돼요.

여기서 잠깐!

지금까지 소개한 복습의 단계를 정리하면, ① 소단원 인강을 듣고 ② 단권화를 한 다음 ③ 해당 단권화를 보며 내가 과외 선생님이 된 것처럼 설명하면 끝! 모든 단원을 이 3단계 순서대로 수행하세요.

4단계: 문제를 처음 풀 때는 오픈 북으로 풀기

4단계부터는 문제 풀기에 돌입해요. 처음에는 3단계까지 단권화된 교재를 옆에 두고 문제를 풀어요. 헷갈리는 문제는 교재에서 힌트를 찾아보면서 푸는 거예요. 이때 힌트를 보고 풀었다면 해당 부분을 단권화 교재에 추가해서 정리해요. 개념이 잘 이해되지 않았다면 쉬운 설명을 다시 적고 고난도 문제를 통해 새롭게 알게 된 지식이 있다면 해당 개념도 출처를 찾아 단권화해요. 문제를 틀린 이유를 단권화 교재에 다시 추가해서 정리하는 작업이 같은 문제집을 풀어도 등급이 나뉘는 비밀이에요.

5단계: 두 번째 문제집이 본격 테스트!

첫 번째 문제집을 푸는 과정은 내가 배운 개념이 어떻게 문제로 출제되는가를 알게 되는 것이라면, 두 번째 문제집을 푸는 과정은 자가 테스트예요. 이때는 힌트를 보지 않고 풀고, 맞고 틀림을 명확하게 구분한 다음 틀린 문제들은 개념을 단권화해요. 마지막 단계를 통해 이제까지 공부한 과정들 중 아직 암기되지 않은 부분들과 새롭게 공부해야 하는 부분까지도 발견할 수 있어요. 이때도 중요한 포인트는 문제를 대충 보고 답만 맞히는 게 아니라, 선지별로 오답과 정답을 꼼꼼하게 체크하며 풀어야 한다는 거예요.

이 단계까지 모두 마쳤다면 다음 단계는 암기예요. 구체적인 암기법은 115쪽을 확인하세요.

2주 만에 끝내는 기타 과목 공부법

제2외국어, 한자, 기술·가정, 정보 등 기타 과목들은 짧은 시간 안에 효율적으로 공부하는 게 가장 중요해요. 다른 주요 과목들에 시간을 많이 분배하면서 기타 과목들까지 놓치지 않는 2주 필살기 공부법을 소개할게요.

(1) 수업 시간이 바로 시험공부 시간!

기타 과목의 시험 문제는 대부분 수업 시간에 배운 내용 안에서 출제돼요. 참으로 안타깝게도 기타 과목들의 수업 시간은 학생들의 집중도가 현저하게 떨어져요. 심지어 어떤 학생은 기타 과목 시간에 다른 주요 과목을 공부하기도 해요. 하지만 수업 시간이 바로 시험공부 시간이라고 생각하고 수업에 임한다면, 오히려 시험 기간에 시간을 절약할 수 있어요.

특히 제2외국어는 기본적으로 암기해야 하는 기초 지식들이 있지요. 예를 들면 중국어에서의 성조, 일본어에서의 히라가나 등이에요. 이것도 결국 시간을 내서 암기해야 하는데, 막상 내신 시험 기간이 되면 다른 과목을 공부하느라 시간이 부족해요. 그러니 시험 D-4주차가 되기 전까지 제2외국어 과목이 있는 요일이면 자투리 시간을 이용해서 기초 지식들을 공부하세요. 시험 때 훨씬 마음이 편해질 거예요.

저는 고등학생 때 제2외국어로 일본어를 선택했는데요. 처음 일본어 시험을 준비할 때 히라가나 외우기를 간과했다가 시험 D-3주부터 울면서 암기했던 적이 있어요. 다른 과목들도 공부해야 할 것이 많은데 미리 해놓지 않은 내 과거가 후회되기도 하면서, 계속 외워지지 않아 힘들었지요. 이 글을 읽고 있는 여러분은 저와 같은 실수를 반복하지 말고, 자투리 시간을 이용해 기초 지식들을 미리 암기하세요!

(2) 우리 학교의 시험지 확보하기

기타 과목은 우리 학교의 작년 또는 재작년 시험지를 확보하는 게 굉장히 중요해요. 이걸 우리는 일명 '족보'라고 불러요. 다른 과목보다도 기타 과목은 특히 지난 시험과 비슷한 유형으로 출제될 확률이 높아요. 그래서 족보를 갖고 있으면 보다 효율적으로 공부할 수 있어요. 우리 학교 족보와 학교 선생님이 수업하는 교과서를 같이 펴놓고 공부하면, 선생님의 출제 의도를 파악할 수 있어요. 무엇을 외워야 하고, 어떤 부분을 더 공부하고 이해해야 하는지 가이드라인이 되는 것이지요. 저는 학교 시험이 끝나면 꼭 선배들의 시험지를 미리 받아두었다가 시험 기간 때 유용하게 활용했어요(선배들과 어떻게 친해져야 할지, 시험지는 어떻게 구해야 할지 모르겠다면 84쪽을 확인하세요).

(3) 나만의 시험지를 만들어 암기하기

우리 학교 족보를 기반으로 출제 방향에 대한 힌트를 얻었다면, 시험 D-2주가 되었을 때는 나만의 시험지를 만들어요. 나만의 시험지를 만들면서 그동안 공부한 내용들을 머릿속에 한 번 정리하는 거예요. 그리고 D-1주 정도가 되었을 때는 학교 선생님께서 시험 문제를 이번에 어떻게 출제하실지 힌트를 주시는 경우가 많아요. 나만의 시험지를 만들어 놓은 상태에서 힌트를 들으면 어떤 부분에 더 주력해야 할지 감을 잡고 나만의 시험지에 '필수 암기' 부분을 표시할 수 있겠지요. 그리고 시험이 시작하기 전 마지막 일주일은 나만의 시험지를 완벽하게 습득할 때까지 반복해서 살펴봐요.

오늘의 표어

인.강.듣.고.개.념.정.리.
암.기.방.법.실.천.하.자.

9

절대 실패하지 않는
시험 계획 세우기

시험 D-4주:
개념을 이해하고 정리하기

내신 공부는 '이해 → 적용 → 암기'의 순서로 이루어져야 해요. 그 첫 단계로 시험 D-4주차에는 학교 수업 내용을 확실히 이해해요. 플래너 또는 A4 용지를 꺼내서 일주일 계획을 함께 세워봅시다.

D-4주차 계획 세울 때 TIP

✦ 일주일 계획표는 전 주 일요일 밤에 작성하기

✦ 월~토요일까지 과목별로 골고루 분배하기(일요일은 전날까지 실행하지 못한 공부를 메꾸는 날로 활용하기)

✦ 내신에 직결되는 수행평가 및 학교 활동들의 마감 일정을 정확하게 표시하기

구체적인 국어 단권화 방법은 131쪽을 확인하세요.

☞ **공부를 시작하기 전
준비할 것**

✔ 우리 학교 출판사에 맞는 자습서, 평가 문제집 준비하기
✔ 학교에서 받은 프린트 및 자료들은 해당 교과서 단원에 모아 붙여
  두기
✔ 보충 자료를 다운받아 놓기(모의고사 지문 또는 외부 교재가 시험
  범위인 고등학생 친구들은 '기출비' 카페에서 작품 이름으로 검색
  하여 보충 자료 또는 문제를 미리 다운받아 놓을 것)

교과서를 중심으로 단권화를 시작해요. 자습서에 있는 보충 내용은 파란색으로, 자습서 문제를 풀며 새롭게 알게 된 정보들은 빨간색으로 교과서에 옮겨요. 이 시기에는 내용을 암기하기보다는 지문을 충분히 이해하고 정리하는 데 집중해요. 자습서 문제를 풀때도 단권화된 교과서를 보면서 풀어도 좋아요. 다만 선지 하나하나를 꼼꼼하게 확인하면서 아직 단권화하지 않고 놓친 개념이 있는지 확인하며 풀어요. 평가 문제집은 아직 풀지 않아도 돼요.

수업을 듣고 집에 돌아와 자습서를 펴서 단권화를 진행할 때 시

간이 가장 오래 걸릴 거예요. 단권화하는 과정은 단순히 필기를 옮겨 적는 행위가 아닌, 쓰면서 이해하는 과정이니까요. 시간이 오래 걸린다고 조급해하지 말고 꼼꼼하게 정리하세요. 마치 새싹이 돋아나기 전 밭을 가는 데 시간이 가장 오래 걸리듯, 처음에 자습서를 옮기는 과정은 정성이 필요한 작업이에요. 하지만 자습서를 옮기며 밭을 잘 갈아두면, 문제를 풀고 틀린 문제를 단권화하는 시간은 이전보다 반도 걸리지 않을 거예요.

D-4주차 국어 과목 계획표 예시

월	화	수	목	금	토	일
교과서 지문1 단권화	교과서 지문1 자습서 문제 풀기 후 단권화	교과서 지문2 단권화	교과서 지문2 자습서 문제 풀기 후 단권화	교과서 지문3 단권화	교과서 지문3 자습서 문제 풀기 후 단권화	전날까지 마치지 못한 공부를 메꾸는 날

* 예시는 참고일 뿐 정답이 아니에요. 각자의 시간 및 공부량에 따라 달라질 수 있어요. 예시와 비슷하게 계획을 세우며 자신만의 공부 적정량을 발견하세요.

구체적인 영어 구조화 방법은 147쪽을 확인하세요.

☞ 공부를 시작하기 전
준비할 것

✔ 학교에서 받은 프린트 및 자료들은 해당 교과서 단원에 모아 붙여 두기(선생님께서 주시는 외부 지문 자료들은 교과서 연계 고난도 문제로 출제 가능성이 높음)

✔ 보충 자료를 다운받아 놓기('황인영 영어카페, hwstudy, 기출비, 서술형은 스승의날' 등의 사이트를 활용해서 교과서 및 모의고사 범위에 맞는 문법 시험지, 빈칸 문제, 서술형 자료를 미리 다운받아 놓을 것)

이번 주차에는 그동안 수업 진도를 나간 모든 영어 지문을 '구조화'해야 해요. 영어 지문을 영어로 접근하지 않고 한국어로 접근하여 흐름을 정리하는 공부법이지요. 문장을 하나하나 곱씹으면서 한국어로 요약 정리하는 과정인 만큼 시간이 오래 걸려요. 처음 구조화 공부법을 시작하는 학생이라면 D-5주차 정도부터 시작하는 걸 추천해요.

구조화를 마쳤다면 지문의 흐름을 쭉 말로 내뱉으며 머릿속에 넣는 과정이 필요해요. 특히 아침 30분, 자기 전 30분을 고정 시간으로 정해두고 암기하기를 추천해요. 흐름을 암기하는 과정은 한 번에 바로 이뤄지지 않고, 지금은 완벽히 암기한 것 같아도 시간이 지나면 까먹게 돼요. 그래서 주기적인 반복 학습이 필요하지요. 흐름을 먼저 암기한 다음, 전체 영어 지문을 천천히 소리 내어 읽어보세요. 쑥쑥 잘 읽힐 거예요. 이때 영어로 읽다가 모르는 단어가 있다면, 따로 정리해서 암기하는 것도 잊지 마세요!

D-4주차 영어 과목 계획표 예시

월	화	수	목	금	토	일
교과서 1과 1/2 구조화 + 단어 암기	교과서 1과 2/2 구조화 + 단어 암기	교과서 1과 흐름 암기 + 영어로 천천히 읽기	교과서 2과 1/2 구조화 + 단어 암기	교과서 2과 2/2 구조화 + 단어 암기	교과서 2과 흐름 암기 + 영어로 천천히 읽기	전날까지 마치지 못한 공부를 메꾸는 날
흐름 암기 (아침 30분, 자기 전 30분)	흐름 암기 (아침 30분, 자기 전 30분)		흐름 암기 (아침 30분, 자기 전 30분)	흐름 암기 (아침 30분, 자기 전 30분)		

* 예시는 참고일 뿐 정답이 아니에요. 각자의 시간 및 공부량에 따라 달라질 수 있어요. 예시와 비슷하게 계획을 세우며 자신만의 공부 적정량을 발견하세요.

(3) 수학: 교과서 1번 풀기 + 수학 문제집 풀기

구체적인 수학 3콤보 공부 방법은 161쪽을 확인하세요

👉 공부를 시작하기 전
준비할 것

✔ 우리 학교 교과서 준비하기
✔ 수학 문제집 중 '유형' 문제집 준비하기

수학은 평소에 풀고 있는 문제집을 꾸준히 풀면서 교과서 문제를 풀기 시작해요. 수학 교과서를 풀 때는 절대 교과서에 풀이 과정을 적지 말고 연습장에 풀어요. 교과서에는 맞혔는지 틀렸는지만 체크해요. 수학은 문제를 보고 풀이 과정이 곧바로 떠오르도록 하는 3콤보 공부법으로 같은 문제를 여러 번 풀어야 하는데, 교과서에 풀이 흔적이 남아 있으면 방해되겠지요.

같은 문제를 반복해서 문제를 풀다 보면, 문제 풀이 속도도 점점 빨라져요. D-4주차에는 교과서 문제를 처음 풀어가는 시기이므로 하루에 약 2시간 정도는 투자하기를 추천해요. 수학은 벼락치기가 불가능한 과목이에요. 하지만 내신 시험에는 범위가 있으니까 시간을 투자하는 만큼 성적을 올리기도 좋아요. 수학이 그저 싫다고

미루지 말고, 오늘부터 하루 2시간만이라도 시도해 봅시다!

D-4주차 수학 과목 계획표 예시

월	화	수	목	금	토	일
교과서 소단원 1개 풀기	시험 범위에 맞는 유형 문제집 (개인 문제집) 풀기	교과서 소단원 1개 풀기	시험 범위에 맞는 유형 문제집 (개인 문제집) 풀기	교과서 소단원 1개 풀기	시험 범위에 맞는 유형 문제집 (개인 문제집) 풀기	전날까지 마치지 못한 공부를 메꾸는 날

* 예시는 참고일 뿐 정답이 아니에요. 각자의 시간 및 공부량에 따라 달라질 수 있어요. 예시와 비슷하게 계획을 세우며 자신만의 공부 적정량을 발견하세요.

(4) 탐구: 인터넷 강의 + 문제 풀기

구체적인 탐구 공부 방법은 175쪽을 확인하세요

👉 공부를 시작하기 전 준비할 것

✔ 학교에서 주는 프린트 및 자료들은 해당 교과서 단원에 모아 붙여 두기

✔ 탐구 과목 공부를 위한 인터넷 강의 정하기(학교 선생님 수업만으로도 충분히 이해되었다면, 인강은 듣지 않아도 돼요.)

수업 진도의 절반 지점까지 인강을 들으며 개념을 충분히 이해해요. 탐구 과목을 공부할 때 주말에 몰아서 인강을 여러 개 듣는 학생도 있는데, 그러면 머릿속에 개념이 제대로 정리되지 않아요. 연속으로 인강을 들을 때는 최대 2개까지만 듣고, 그 범위까지만 소리 내어 개념을 스스로 말해본 다음 문제를 풀어요. 이 과정을 통해 새롭게 알게 된 사실은 학교 선생님이 수업하시는 교재에 단권화해야 한다는 것도 잊지 말고요.

D-4주차 계획을 세울 때는 국영수 과목을 먼저 배치한 다음 탐구 과목을 넣어요. 예시로 안내하는 탐구 과목 일주일 계획에서도 탐구 과목을 3일치로 분배했어요. 하지만 자신에게 약점이 되는 과목이라면 D-5주차부터 국영수를 공부하는 만큼 시간을 할애해야 해요. 저의 약점 과목은 한국사였기에 D-5주차부터 인강을 듣기 시작했어요. 또 공부한 내용을 잊지 않기 위해 주기적으로 한국사 흐름을 암기하는 시간을 공부 계획에 넣었어요. 그렇게 5주

동안 인강을 듣고 이해하고 암기하는 과정을 반복하니 마침내 한국사 1등급을 받았습니다. 약점 과목이라고 기죽지 말고 하나씩 돌파해 보자고요!

D-4주차 탐구 과목 계획표 예시

월	화	수	목	금	토	일
교과서 소단원 1개 풀기	유형 문제집 풀기	교과서 소단원 1개 풀기	유형 문제집 풀기	교과서 소단원 1개 풀기	유형 문제집 풀기	전날까지 마치지 못한 공부를 메꾸는 날

* 예시는 참고일 뿐 정답이 아니에요. 각자의 시간 및 공부량에 따라 달라질 수 있어요. 예시와 비슷하게 계획을 세우며 자신만의 공부 적정량을 발견하세요.

(5) 기타: 수업 시간에 집중하기

기타 과목은 시험 문제가 비교적 쉬운 난이도로 출제돼요. 시험 D-4주차에는 아직 본격적으로 공부에 돌입하지 않아도 돼요. 수업 시간 안에 시험공부를 끝내겠다는 마음가짐으로 수업을 집중해서 들어요.

11
공부의 숲 가꾸기

D-4주차 공부방

공부의 숲 주민 여러분! 이제 딩가딩가 할 시간이 없어요.
D-4주부터 차근차근 공부하지 않으면……
그 뒤로는 물어보지 마세요. 저도 알고 싶지 않았어요…….
시험공부의 토대가 되는 이해 단계인 D-4주 계획표를 세워보세요.
(구슬쥬 이장의 과목별 예시를 참고해 나에게 맞는 공부방을 만들
어요.)

제한 시간: 3시간

월   화   수   목

금   토   일   이번 주 다짐

시험 D-3주:
문제에 적용하며 익히기

D-4주차에 수업 내용을 스스로 충분히 이해했다면 이제는 적용까지 해보는 시기예요. 플래너 또는 A4 용지를 들고 와서 함께 일주일 계획을 세워봅시다.

D-3주차 계획 세울 때 TIP

✦ D-4주차에 마무리하지 못한 공부를 자투리 시간에 넣어주기

✦ 핸드폰을 보는 시간이 많다면 하루 3시간만 핸드폰 꺼놓기

✦ 공부량이 많아지는 시기이지만 밤샘 공부는 절대 하지 않기

D-4주차에 이어서 D-3주차에도 일주일 동안 새롭게 진도 나간 부분을 단권화해요. 그동안 단권화한 순서와 동일하게, ① 학교 선생님의 검정색 필기 위에 ② 자습서 내용을 파란색으로 옮겨 적고 ③ 자습서 문제를 풀고 새롭게 알게 된 개념은 빨간색으로 정리해요.

D-4주차에 단권화했던 지문들은 평가 문제집을 풀어요. 단권화된 교과서의 지문을 보며 내가 과외 선생님이 된 것처럼 소리 내어 약 15~20분 정도 설명한 다음 관련 문제를 풀어보세요. 단권화를 제대로 했다면 문제를 푸는 동안 내가 교과서의 어디에 어떤 필기를 했는지 떠오를 거예요. 평가 문제집을 풀 때는 당연히 선지를 하나하나 꼼꼼하게 분석하며 풀고, 모르는 개념이 나왔을 때는 추가로 단권화해 두세요. 지금은 정리만 해두고 암기까지는 하지 않아요.

월	화	수	목	금	토	일
교과서 지문1 평가 문제집 + 단권화	교과서 지문2 평가 문제집 + 단권화	교과서 지문3 평가 문제집 + 단권화	교과서 지문4 단권화	교과서 지문4 자습서 문제 풀기 후 단권화	교과서 지문4 평가 문제집 + 단권화	전날까지 마치지 못한 공부를 메꾸는 날

* 예시는 참고일 뿐 정답이 아니에요. 각자의 시간 및 공부량에 따라 달라질 수 있어요. 예시와 비슷하게 계획을 세우며 자신만의 공부 적정량을 발견하세요.

(2) 영어: 구조화 + 구조화 흐름 암기 + 문법 문제 시작

영어 서술형 대비 방법은 152쪽을 확인하세요

D-3주차에도 전 주에 했던 구조화 흐름 암기는 똑같이 계속해요. 암기는 반복의 과정이에요. 한국어로 흐름 암기가 어느 정도 되었다면, 다음은 영어로 소리 내어 읽으며 익혀야 해요. 그래야 시험장에서 눈으로 영어를 읽으면서 한국어 흐름이 바로 연상되거든요. 흐름이 머릿속에 명확하게 정리되어야 주제 찾기, 일치·불일치, 흐름 배열, 빈칸 채우기와 같은 객관식 문제를 잡을 수 있어요.

이번 주차부터 추가로 해야 하는 공부는 문법 및 서술형 문제

대비예요. D-4주차 때 우리 학교 시험에 필요한 내신 자료는 다운받아 놓았지요? 아직도 안 했다면, D-3주차에는 꼭 완료하세요. 다음 주부터는 암기에 집중하느라 더 바빠지니까요. 자료를 찾다 보면 어법 선택, 빈칸 넣기, 서술형 등 다양한 문법 연습 문제들이 있을 거예요. 하나의 지문을 다양한 문제 유형으로 풀어보면서 훈련해요.

> ### 어법 선택 문제 예시
>
> 19번
>
> The 21.[principal / principle] stepped on stage. "Now, I 22.p_____ this year's top academic award to the student 23.[who / what / with whom] has 24.[achieved / been achieved] the highest placing." He smiled at the 25.r___ of seats 26.[which / what / where] twelve finalists 27.[have / had] gathered. Zoe wiped a 28.s_____ hand on her handkerchief and 29.g____d at the other finalists. They all looked as 30.[pale / palely] and 31.[easy / uneasy] as 32.[her / herself]. Zoe and one of the other 33.[finalist / finalists] had won first placing in four 34.s_____s so it came down to how teachers ranked their hard work and 35.c_____. "The Trophy for General Excellence is 36.[awarding / awarded] to Miss Zoe Perry," the principal 37.d_____d. "Could Zoe step this way, please?" Zoe felt as 38.[if / though] she 39.[was / were] in heaven. She walked into the thunder of 40.a_____ with a big smile.

(출처: 서술형은 스승의날)

위와 같은 어법 선택 문제들은 비교적 간단해서 자투리 시간을 이용해서 풀기를 추천해요. 학교 쉬는 시간이나 점심시간에 어법 선택 문제를 풀면 수업 이후 자습 시간에는 다른 문제들을 푸는 데 더 많은 시간을 확보할 수 있지요. 작문 연습이 필요한 서술형 문제들은 D-2주차부터 하고, 이번 주에는 어법 선택 문제의 정답을 정확히 맞힐 수 있을 때까지 반복해요.

저는 한 지문의 어법 선택 문제를 여러 장 복사해서 자투리 시간마다 반복해서 풀었어요. 그렇게 반복하다 보면 '~ed / ~ing' 선택과 같은 간단한 어법 문제들은 완벽히 준비할 수 있었고, 영어 시험이 임박했을 때는 문장 암기에 집중할 수 있었지요.

D-3주차 영어 과목 계획표 예시

월	화	수	목	금	토	일
교과서 1과 문법 문제	교과서 2과 문법 문제	교과서 3과 구조화 흐름 암기 + 영어로 천천히 읽기	교과서 1과 문법 문제	교과서 2과 문법 문제	교과서 3과 구조화 흐름 암기 + 영어로 천천히 읽기	전날까지 마치지 못한 공부를 메꾸는 날
1과 흐름 암기(아침 30분, 자기 전 30분)	2과 흐름 암기(아침 30분, 자기 전 30분)		1과 흐름 암기(아침 30분, 자기 전 30분)	2과 흐름 암기(아침 30분, 자기 전 30분)		

* 예시는 참고일 뿐 정답이 아니에요. 각자의 시간 및 공부량에 따라 달라질 수 있어요. 예시와 비슷하게 계획을 세우며 자신만의 공부 적정량을 발견하세요.

(3) 수학: 교과서 1번 풀기 + 틀린 문제 풀기 + 문제집 풀기

구체적인 수학 3콤보 공부 방법은 161쪽을 확인하세요.

이번 주차까지는 수학에 하루 2시간 정도씩 꾸준히 투자해요. 자주 언급했듯 수학은 벼락치기가 불가능해요. 반대로 생각하면, 암기가 필요한 과목들은 D-2주차, D-1주차에 힘써서 공부해야 한다면 수학은 미리 꾸준히 대비해야 하는 우직한 과목인 것이지요. 그래서 저는 D-4주차, D-3주차에는 수학 공부에 많은 시간을 쓰고, 시험 마지막 2주차에는 수학 외에 다른 과목에 더 많은 시간을 투자할 수 있었어요.

이 시기에는 진도 나간 곳까지 교과서를 한 번 더 풀고, 틀린 문제는 최대 두 번 이상 반복해서 풀어요. 1~2등급을 목표로 하는 중상위권 학생이라면 교과서 문제와 더불어 고난도 문제를 풀 수 있는 힘도 길러야 해요. 교과서 공부와 개별 유형 문제집 풀기에 절반씩 시간을 투자해서 고난도 문제를 대비하세요.

다음의 계획표 예시에는 기존에 풀던 유형 문제집 공부 시간까지 넣었지만, 혹시 자신은 우선 3등급을 목표로 하고 있다면 기존에 풀던 유형 문제집은 제외하고 교과서 공부에 집중하세요.

월	화	수	목	금	토	일
수학 교과서 소단원 1개 풀기 + 틀린 문제	유형 문제집 풀기	수학 교과서 소단원 1개 풀기 + 틀린 문제	유형 문제집 풀기	수학 교과서 소단원 1개 풀기 + 틀린 문제	유형 문제집 풀기	전날까지 마치지 못한 공부를 메꾸는 날

* 예시는 참고일 뿐 정답이 아니에요. 각자의 시간 및 공부량에 따라 달라질 수 있어요. 예시와 비슷하게 계획을 세우며 자신만의 공부 적정량을 발견하세요.

(4) 탐구: 인터넷 강의 + 문제 풀기

구체적인 탐구 과목 공부 방법은 175쪽을 확인하세요

D-3주차 탐구 과목 공부의 핵심은 진도 나간 부분까지 모두 개념 공부를 완료하는 거예요. 공부법은 저번 주와 다르지 않아요. 인터넷 강의를 듣고 개념을 복습한 다음 15~20분 동안 소리 내어 개념을 설명하고, 관련 문제를 풀며 새롭게 알게 된 사실은 단권화를 해주면 돼요.

과학은 원리 이해가 특히 중요한 과목이에요. 저는 과학만큼은 문제 풀이 강의를 뛰어넘지 않고 꼼꼼히 들으면서 개념을 복습했어요. 개념을 머릿속에 잘 이해했다고 생각했는데 막상 문제를 풀 때는 답을 고르기 어려웠다면, 문제 풀이 강의를 들으며 개념을 복습하고 내가 무엇을 놓쳤는지 하나하나 곱씹어 보세요.

D-3주차 탐구 과목 계획표 예시

월	화	수	목	금	토	일
과학 1단원 – (1)	과학 1단원 – (2)	사회 1단원 – (2)	한국사 1단원 – (1)	한국사 1단원 – (2)	한국사 1단원 – (3)	전날까지 마치지 못한 공부를 메꾸는 날
개념 인강 2개 듣고 문제 풀이 + 단권화	개념 인강 2개 듣고 문제 풀이 + 단권화	개념 인강 2개 듣고 문제 풀이 + 단권화	개념 인강 2개 듣고 문제 풀이 + 단권화	개념 인강 2개 듣고 문제 풀이 + 단권화	개념 인강 2개 듣고 문제 풀이 + 단권화	

* 예시는 참고일 뿐 정답이 아니에요. 각자의 시간 및 공부량에 따라 달라질 수 있어요. 예시와 비슷하게 계획을 세우며 자신만의 공부 적정량을 발견하세요.

(5) 기타: 제2외국어 기초 공부

구체적인 기타 과목 공부 방법은 180쪽을 확인하세요

기술·가정, 한자, 정보 등의 과목들은 D-2주차부터 준비하면 되지만, 제2외국어 개념 공부는 지금부터 시작해야 해요. 일본어(히라가나), 중국어(성조, 숫자 등)의 기본 개념들은 이 시기에 암기해요. 그래야 다음 주부터 단어, 문장 암기를 진행할 수 있어요. 국영수, 탐구 과목을 공부하다가 지칠 때 머리를 식히는 느낌으로 1시간씩 제2외국어 공부를 넣어요.

D-3주차 기타 과목 계획표 예시

월	화	수	목	금	토	일
	일본어 히라가나 암기 1시간		일본어 히라가나 암기 1시간		일본어 히라가나 암기 1시간	전날까지 마치지 못한 공부를 메꾸는 날

* 예시는 참고일 뿐 정답이 아니에요. 각자의 시간 및 공부량에 따라 달라질 수 있어요. 예시와 비슷하게 계획을 세우며 자신만의 공부 적정량을 발견하세요.

12

공부의 숲 가꾸기

D-3주차 공부방

시험이 3주도 채 안 남았는데 아직도 핸드폰만 하고 있나요?
계속 그렇게 공부를 미루다가는 정말 큰일 나요.
이해하고 정리하는 마지막 단계인 D-3주 계획표를 세워보세요.
(구슬쥬 이장의 과목별 예시를 참고해 나에게 맞는 공부방을 만들
어요.)

 제한 시간: 3시간

월   화   수   목

금   토   일   이번 주 다짐

공부의 숲을 강제 종료하면 반성문을 쓰게 됩니다.
마지막 2주간 공부에 집중하겠다는 각서를 쓰고 의지를 다지세요.

공부 다짐 각서

공부의 숲 주민인 나 _____은(는) 지금까지 최선을 다해
노력한 것처럼 앞으로 시험까지 남은 2주 동안에도 시험에서
좋은 성적을 받기 위해 열심히 공부할 것을 다짐합니다.

_____년 _____월 _____일

_____ (서명)

시험 D-2주:
암기의 기틀 다지기

드디어 본격적인 암기가 시작됩니다. 그동안 열심히 준비해 온 과정을 꽃 피울 시기가 바로 지금이에요. 다시 힘을 내서 플래너를 펴고 같이 계획을 세워봅시다.

D-2주차 계획 세울 때 TIP

✦ 가능하다면 점심시간에 20분 정도를 확보해서 공부하기(자투리 시간 활용)

✦ 그동안 공부한 시간은 절대 배신하지 않으니 포기한다는 생각은 버리기

✦ 체력이 더 중요해지는 시기인 만큼 비타민을 꼭 챙겨 먹으며 공부하기

(1) 국어: 나만의 시험지 만들기

구체적인 나만의 시험지 만드는 방법은 131쪽을 확인하세요

 D-2주차의 핵심은 나만의 시험지를 만드는 거예요. 글을 눈으로 보기만 해서는 외워지지 않아요. 지금까지 공부하며 교과서로 단권화한 자료를 기반으로 스스로 시험지를 만들어 총정리해요.

 국어 과목의 나만의 시험지를 만들 때는 2가지를 꼭 내용에 포함해야 해요. 첫째는 학습 활동이에요. 교과서 지문의 바로 다음 장에 있는 학습 활동(문학 활동) 질문들은 단골 시험 문제이니 나만의 시험지에 넣어서 꼭 암기하세요.

 나만의 시험지에 포함해야 하는 내용 두 번째는 작품 정리(작품 개관) 부분이에요. 작품의 주제 및 특징은 객관식뿐 아니라 서술형 문제로도 자주 출제되고, 작품의 성격과 관련된 내용 또한 객관식 선지에 헷갈리게 제시되는 경우가 많으니 나만의 시험지에 정리해서 꼭 확인해요.

D-2주차 국어 과목 계획표 예시

월	화	수	목	금	토	일
지문1 나만의 시험지 만들기	지문2 나만의 시험지 만들기	지문3 나만의 시험지 만들기	지문4 나만의 시험지 만들기	지문5 나만의 시험지 만들기	지문6 나만의 시험지 만들기	전날까지 마치지 못한 공부를 메꾸는 날

* 예시는 **참고**일 뿐 정답이 아니에요. 각지의 시간 및 공부량에 따라 달라질 수 있어요. 예시와 비슷하게 계획을 세우며 자신만의 공부 적정량을 발견하세요.

(2) 영어: 구조화 및 문법 문제 반복 + 영어 중요 문장 암기

영어 중요 문장 찾는 방법은 147쪽을 확인하세요

D-2주차에도 구조화 흐름 암기와 문법 문제 연습이 계속됩니다. 다만 전체적인 복습보다는 틀리거나 헷갈리는 부분을 중심으로 암기해요. 예를 들어 교과서 3과의 내용이 가장 어렵게 느껴진다면, 이번 주차에는 3과를 집중적으로 암기하는 거예요. 더불어 이번 주차부터는 영어 중요 문장을 골라 암기해요. 교과서 1과당 7~10개씩 핵심 문장을 뽑아 암기하며 서술형 문제를 연습해요.

암기는 D-4주차에서 언급했던 것처럼, 매일 오전과 저녁 시간에 약 30분씩을 정해두고 암기해요. 소리 내어 암기하기, 걸으며 암기하기 등 다양한 암기법을 시도하며 집중력을 끌어 올려요.

D-2주차 영어 과목 계획표 예시

월	화	수	목	금	토	일
교과서 1과 중요 문장 암기	교과서 2과 중요 문장 암기	교과서 3과 중요 문장 암기	교과서 1과 중요 문장 암기	교과서 2과 중요 문장 암기	교과서 3과 중요 문장 암기	전날까지 마치지 못한 공부를 메꾸는 날
교과서 1과 문법 및 서술형 테스트	교과서 2과 문법 및 서술형 테스트	교과서 3과 문법 및 서술형 테스트	교과서 1과 문법 및 서술형 테스트	교과서 2과 문법 및 서술형 테스트	교과서 3과 문법 및 서술형 테스트	

* 예시는 참고일 뿐 정답이 아니에요. 각자의 시간 및 공부량에 따라 달라질 수 있어요. 예시와 비슷하게 계획을 세우며 자신만의 공부 적정량을 발견하세요.

(3) 수학: 틀린 문제 3번 풀기

구체적인 수학 3콤보 공부 방법은 161쪽을 확인하세요

이번 주차에서 수학 과목 공부의 핵심은 틀린 문제를 반복해 푸는 거예요. 수학 3콤보 공부법에서 'X'가 한 번이라도 나온 문제를 공략해서 여러 번 풀어요. 문제를 보자마자 풀이 과정이 떠오르지 않는다면 3~5분 정도만 고민한 뒤 답지를 보고 풀어요. 답지를 보고 푼 문제는 'X' 표시를 하고 다음 날 한 번 더 풀어요. 이 과정

을 매일 반복하다 보면 나중에는 문제를 보자마자 풀이 과정이 바로 떠오르는 순간이 와요. 그 순간을 경험하면 시험 당일에 비슷한 문제 변형을 만났을 때, 문제를 어떤 풀이 과정으로 풀어나가야 할지가 바로 떠오를 거예요. 이 마법을 경험하고 싶다면 이번 주차에 맞힐 때까지 문제를 반복해 푸는 훈련을 열심히 이어가요.

D-2주차 수학 과목 계획표 예시

월	화	수	목	금	토	일
소단원 1+2 틀린 문제 풀기	소단원 3+4 틀린 문제 풀기	소단원 5+6 틀린 문제 풀기	소단원 1+2 틀린 문제 풀기	소단원 3+4 틀린 문제 풀기	소단원 5+6 틀린 문제 풀기	전날까지 마치지 못한 공부를 메꾸는 날

* 예시는 참고일 뿐 정답이 아니에요. 각자의 시간 및 공부량에 따라 달라질 수 있어요. 예시와 비슷하게 계획을 세우며 자신만의 공부 적정량을 발견하세요.

(4) 탐구: 나만의 시험지 만들기

나만의 시험지 만들기 방법은 115쪽을 확인해요

D-2주차 탐구 과목의 핵심은 지금까지 공부한 모든 내용을 모아 나만의 시험지를 만드는 거예요. 탐구 과목의 경우 시중에 나온 문제집이 많기에, 굳이 나만의 시험지를 직접 만들어야 할지

의문이 들 수도 있는데요. 나만의 시험지를 만드는 이유는 단순히 '테스트지'를 만들기 위함이 아니에요. 시험지를 직접 만드는 과정에서 그동안 공부한 내용이 차곡차곡 정리되기도 하고, 아는 내용과 모르는 내용을 명확히 구분할 수 있어요. 공부를 잘하는 학생의 비밀은 자신에게 부족한 공부를 깨닫고 채우는 것이라는 사실, 기억하지요? 이번 주차에는 나만의 시험지를 통해 아직 헷갈리거나 부족한 부분을 파악하고 확실히 이해하도록 공부해요.

계속 진도 나가는 부분은 개념 인강을 듣고, 문제를 푼 다음 단권화하는 과정을 계속해야 한다는 것도 잊지 마세요. 이번 주 수업 시간에 새로 배운 내용은 주말에 나만의 시험지를 만들거나 다음 주 월요일까지 나만의 시험지를 만드세요.

D-2주차 탐구 과목 계획표 예시

월	화	수	목	금	토	일
과학 나만의 시험지 만들기	과학 나만의 시험지 만들기	사회 나만의 시험지 만들기	사회 나만의 시험지 만들기	한국사 나만의 시험지 만들기	한국사 나만의 시험지 만들기	전날까지 마치지 못한 공부를 메꾸는 날
진도 나가는 부분: 개념 인강 + 문제 풀이 + 단권화						

* 예시는 참고일 뿐 정답이 아니에요. 각자의 시간 및 공부량에 따라 달라질 수 있어요. 예시와 비슷하게 계획을 세우며 자신만의 공부 적정량을 발견하세요.

(5) 기타: 나만의 시험지 만들기

구체적인 기타 과목의 공부 방법은 180쪽을 확인하세요

　　기타 과목은 아직 본격적인 암기에 들어가지 않고 나만의 시험지를 만들어요. 나만의 시험지를 만들면서 앞으로 무엇을 암기해야 할지 큰 틀을 정할 수 있어요. 소단원별로 나눠서 말로 설명하면서 이해하고 나만의 시험지를 만들어요.

　　특히 이 시기는 학교 선생님들이 시험 문제를 출제하는 기간으로, 수업 중에 시험에 관한 힌트를 많이 주실 수도 있어요. 그동안 수업 시간에 집중하지 못했더라도, 이번 주차만큼은 선생님이 강조하는 내용을 놓치지 않고 암기하기 위해 표시해 두어야 해요. 그리고 그 부분을 바탕으로 나만의 시험지를 만들어요.

　　만약 작년 시험지나 기출문제를 갖고 있다면 그 시험에 출제된 내용을 반영해서 나만의 시험지를 만들어요. 기타 과목들은 학교 선생님들께서 시험 유형을 크게 바꾸지 않기 때문에 이전 시험지가 많은 힌트가 돼요(학교 시험지를 얻는 방법은 109쪽을 확인하세요).

13

공부의 숲 가꾸기

D-2주차 공부방

오늘 여러분의 계획과 다짐을 이웃 주민들에게도 알리세요.
주민들에게 창피당하지 않기 위해서라도 공부를 열심히 하게 될 거
예요. 암기를 준비하는 단계인 D-2주 계획표를 세워보세요.
(구슬쥬 이장의 과목별 예시를 참고해 나에게 맞는 공부방을 만들
어요.)

 제한 시간: 3시간

월　　　화　　　수　　　목

금　　　토　　　일　　　이번 주 다짐

시험 D-1주:
나만의 암기 루틴으로 마무리하기

시험을 앞둔 마지막 일주일은 암기 또 암기하는 시간이에요. 체력과 컨디션을 잘 관리하면서, 그 동안 준비한 공부가 잘 마무리되도록 나만의 암기 루틴을 만들어 실천합시다.

D-1주차 계획 세울 때 TIP

◆ 매일 과목별 2시간씩 암기하는 시간 넣기(집중력 끌어 올리기)

◆ 늦은 시간까지 공부하더라도 야식은 먹지 않기

◆ 최소 수면 시간으로 5시간 자기

시험 마지막 주 국어 공부법의 핵심은 나만의 시험지를 반복해 풀고 암기하는 거예요. 만든 문제를 7장 복사하고, 일주일간 매일 풀어요. 나만의 시험지를 풀고 틀린 부분은 단권화한 교과서를 펴서 복습해요. 소리 내어 읽어도 좋고 글로 쓰면서 머릿속을 정리해도 좋아요. 처음 나만의 시험지를 풀 때는 30% 정도밖에 정답을 맞히지 못할 수도 있어요. 남은 70%는 반복해서 암기하면서 채워야 해요. 나만의 시험지는 아는 것과 모르는 것을 확인하기 위함이고, 모르는 것을 완벽히 없애기 위해서는 암기하는 데 시간을 많이 써야 한다는 사실을 잊지 마세요.

시험을 일주일 앞둔 시점부터는 매일 2시간씩 과목별로 암기하는 시간을 가져요. 2시간 동안 시험 범위에 해당하는 나만의 시험지에서 절반 정도를 암기했다면, 다음 날 주어지는 2시간을 통해 나머지 부분을 또 외워요. 매일 암기 시간을 따로 정해두지 않으면 5시간을 투자해도 완벽히 외우지 못했다는 생각에 불안해져요. 매일 과목별 최대 2시간으로 암기 시간을 정해두면 그 안에 최대한 집중력을 발휘해 암기하게 돼요. 당일에 암기하지 못한 부분은 과감히 다음 날로 미루거나 만약 당일에 여유 시간이 생긴다면 다른 과목을 공부하면서 최소 4시간이 지난 뒤에 다시 암기하세요.

D-1주차 국어 과목 계획표 예시

월	화	수	목	금	토	일
지문 1~3 나만의 시험지 풀기	지문 4~6 나만의 시험지 풀기	지문 1~3 나만의 시험지 틀린 것 암기 + 풀기	지문 4~6 나만의 시험지 틀린 것 암기 + 풀기	지문 1~3 나만의 시험지 틀린 것 암기 + 풀기	지문 4~6 나만의 시험지 틀린 것 암기 + 풀기	전날까지 마치지 못한 공부를 메꾸는 날
진도 나가는 부분: 자습서 + 평가 문제집 단권화 + 나만의 시험지 만들기 + 암기						

* 예시는 참고일 뿐 정답이 아니에요. 각자의 시간 및 공부량에 따라 달라질 수 있어요. 예시와 비슷하게 계획을 세우며 자신만의 공부 적정량을 발견하세요.

(2) 영어: 중요 문장 암기 + 어법 선택, 빈칸 채우기 틀린 부분 암기 + 마무리 테스트

영어 중요 문장 찾는 방법은 147쪽을 확인하세요

D-1주차 영어 공부법의 핵심은 암기 최종 점검 및 틀린 부분 암기 마스터예요. 저번 주부터 암기를 시작했다면 이번 주에는 틀린 부분을 계속 반복하며 실수를 줄여가요. 문법 문제들은 학교 자습

시간이나 자투리 시간을 이용해 풀고, 방과 후에는 매일 2시간씩
암기 시간을 활용해 주제 문장, 중요 문법 문장, 구조화 등 덜 암기
된 부분을 반복해서 외워요.

D-1주차 영어 과목 계획표 예시

월	화	수	목	금	토	일
교과서 1과 중요 문장 암기	교과서 1과 전체 복습	교과서 2과 중요 문장 암기	교과서 2과 전체 복습	교과서 3과 중요 문장 암기	교과서 3과 전체 복습	전날까지 마치지 못한 공부를 메꾸는 날
교과서 1과 문법 및 서술형 테스트		교과서 2과 문법 및 서술형 테스트		교과서 3과 문법 및 서술형 테스트		

* 예시는 참고일 뿐 정답이 아니에요. 각자의 시간 및 공부량에 따라 달라질 수 있어요. 예시와 비슷하게
계획을 세우며 자신만의 공부 적정량을 발견하세요.

(3) 수학: 교과서 모든 문제를 3콤보로 풀기

구체적인 수학 3콤보 공부 방법은 161쪽을 확인하세요

마지막 일주일, 수학 공부의 핵심은 학교 선생님이 수업하는 교
과서를 3번 연속으로 맞힐 때까지 푸는 거예요. 새로운 외부 문제

를 풀기보다는 교과서에 집중해요. 마지막 3콤보 훈련을 하면서 문제의 패턴을 확실히 파악할 수 있을 거예요. 같은 문제를 반복해서 풀다 보면 다양한 문제 유형을 확실히 파악하게 되고, 시험 당일에 새로운 문제를 만나도 어떤 풀이 과정으로 접근해서 풀어야 할지 바로 떠오르지요.

시험이 시작되기 전 마지막 3일은 교과서 범위를 3등분해서 하루에 1/3씩 풀면서 최종 점검을 해요. 시험이 가까워질수록 왠지 불안해서 '다른 문제집을 하나 더 사서 풀어야 할까?' 하는 생각이 들 수도 있어요. 그럴 때마다 이렇게 다짐하며 마음을 다잡아요. '수학 내신의 핵심은 문제를 반복해서 풀며 접근 패턴을 익히는 것이다.'

D-1주차 수학 과목 계획표 예시

월	화	수	목	금	토	일
3콤보 목표로 문제 풀기 반복	3콤보 목표로 문제 풀기 반복	3콤보 목표로 문제 풀기 반복	교과서 1/3 최종 점검	교과서 2/3 최종 점검	교과서 3/3 최종 점검	전날까지 마치지 못한 공부를 메꾸는 날

* 예시는 참고일 뿐 정답이 아니에요. 각자의 시간 및 공부량에 따라 달라질 수 있어요. 예시와 비슷하게 계획을 세우며 자신만의 공부 적정량을 발견하세요.

나만의 시험지 만들기 방법은 115쪽을 확인하세요

시험을 일주일 앞둔 시기에 탐구 과목 공부의 핵심은 나만의 시험지를 풀고 암기하는 거예요. 암기를 처음 시작할 때 가장 시간이 오래 걸리고 두 번째, 세 번째 반복할 때는 시간이 점차 줄어들어요. 이해를 돕는 그림을 그려서 암기하든 말로 설명하며 암기하든 걸으며 암기하든, 어떤 방법을 써도 좋아요. 나만의 암기 루틴을 발견하세요. 내신 시험을 여러 번 경험하면서 나만의 암기 노하우를 발견할 수도 있어요.

D-1주차 탐구 과목 계획표 예시

월	화	수	목	금	토	일
과학 나만의 시험지 풀기 + 암기	사회 나만의 시험지 풀기 + 암기	한국사 나만의 시험지 풀기 + 암기	과학, 사회 나만의 시험지 풀기 + 암기	과학, 한국사 나만의 시험지 풀기 + 암기	사회, 한국사 나만의 시험지 풀기 + 암기	전날까지 마치지 못한 공부를 메꾸는 날
진도 나가는 부분: 개념 인강 + 문제 풀이 + 단권화 + 나만의 시험지 만들기 + 암기						

* 예시는 참고일 뿐 정답이 아니에요. 각자의 시간 및 공부량에 따라 달라질 수 있어요. 예시와 비슷하게 계획을 세우며 자신만의 공부 적정량을 발견하세요.

(5) 기타: 나만의 시험지 풀고 암기

구체적인 기타 과목 공부 방법은 180쪽을 확인하세요

시험 D-1주차 기타 과목의 핵심 또한 나만의 시험지를 풀고 암기하는 거예요. 다만 기타 과목은 이 시기에 나만의 시험지를 반복해 풀면서 70% 정도까지 암기하고, 남은 30%는 기타 과목의 시험 전날에 완벽히 메꾸기를 추천해요. 이 시기에 국영수, 탐구 과목까지 꼼꼼히 공부하며 기타 과목까지 완벽히 외우기는 쉽지 않을 거예요. 만약 시간이 너무 부족해 나만의 시험지를 지난주에 만들지 못했다면, 학교 선생님께서 수업 시간에 짚어 주신 부분 위주로 나만의 시험지를 A4 용지 2쪽 이내로 간단하게 만들고 암기해요.

D-1주차 기타 과목 계획표 예시

월	화	수	목	금	토	일
일본어 나만의 시험지 풀기	기술·가정 나만의 시험지 풀기	한자 나만의 시험지 풀기	기타 과목 중 약점 과목 나만의 시험지 풀기	기타 과목 중 약점 과목 나만의 시험지 풀기	기타 과목 나만의 시험지 마지막 테스트	전날까지 마치지 못한 공부를 메꾸는 날

* 예시는 참고일 뿐 정답이 아니에요. 각자의 시간 및 공부량에 따라 달라질 수 있어요. 예시와 비슷하게 계획을 세우며 자신만의 공부 적정량을 발견하세요.

14

공부의 숲 가꾸기

D-1주차 공부방

그대의 꽃은 '용기', 내신의 꽃은 '암기'
이제 시험이 일주일밖에 남지 않았어요. 용기를 갖고 열심히 외워봅시다. 공부한 모든 내용을 꼼꼼히 암기하는 단계인 D-1주 계획표를 세워보세요. (구슬쥬 이장의 과목별 예시를 참고해 나에게 맞는 공부방을 만들어요.)

 제한 시간: 3시간

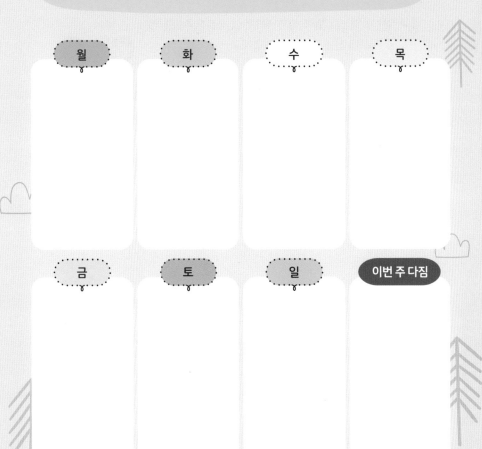

월	화	수	목

금	토	일	이번 주 다짐

여러 번 복습한 내용인데도 시험 당일에는 답이 헷갈려서 문제를 틀린 경험이 있나요? 시험 전날에 한 과목밖에 공부하지 못했는데 벌써 밤이 되어버린 적은요? 이런 실수를 줄일 시험 전날 루틴을 알려줄게요.

(1) 과목마다 2시간씩 공부 및 반복하기

시험 전날에는 내일 시험 볼 과목들을 골고루 살펴보고 준비해야 해요. 이를 위해서는 전 과목을 2시간씩 균등하게 살펴보고 또 같은 방법으로 반복하면서 놓치는 과목 없이 공부하는 방법을 추천해요. 예를 들어 다음 날 시험 볼 과목이 국어, 사회, 한자라면 국어 2시간, 사회 2시간, 한자 2시간씩 공부한 다음 다시 국어부터 2시간씩 공부하는 거예요. 만약 다음 날 시험 보는 과목이 두 과목이라면 세 번까지도 하루에 반복해서 공부할 수 있어요.

이렇게 공부하면 한 과목을 3~4시간씩 끝내고 다른 과목으로 넘어가는 것보다 공부 효율을 훨씬 높일 수 있어요. 공부란 끝이 없고 하면 할수록 부족한 점이 보이게 되는데, 한 과목씩 차례로 끝낸다는 생각으로 살펴보면 다른 과목을 공부할 시간이 부족해져요. 하지만 한 과목당 시간을 정해두면 그 안에 공부해야 할 우선순위를 정하고, 중요한 부분부터 꼼꼼히 공부하고 암기하는 순서로 넘어가게 돼요. 무엇보다 2시간이라는 제한이 있으니 집중력을 떨어뜨리지 않고 공부할 수 있어요.

(2) 1회차 공부 2시간: 전체 흐름을 말로 설명하며 익히기

시험 기간에는 누구나 스트레스와 불안을 겪어요. 이때 가만히 책상 앞에 앉아서 글만 계속 읽는 건 마음을 다잡고 집중도를 높이는 데는 도움이 되지 않아요. 그래서 시험 전날의 공부 1회차 2시간에는 몸짓, 손짓, 발짓을 모두 써가며 전체 흐름을 설명하는 걸 추천해요. 흐름을 말로 설명하다 보면 아직 완벽히 암기되지 않았던 부분도 찾아낼 수 있어요. 해당 부분을 표시해 두었다가 2회차 공부 때 암기해요.

(3) 2회차 공부 2시간: 암기가 필요한 부분 외우기

　1회차 때 전체적으로 복습했다면, 2회차 공부는 꼼꼼히 암기하세요. 나만의 시험지를 풀면서 완벽히 암기했는지 최종으로 점검해요. 시험 D-4주차부터 순서대로 잘 따라온 학생이라면 시험 전날에 나만의 시험지를 풀 때 약 90% 이상 정답률이 나올 거예요. 남은 시간에는 세세한 부분까지 암기하기를 반복해요.

(4) 잠들기 전: 암기 원페이퍼 만들기

　2회차 공부 시간이 끝났음에도 끝까지 외워지지 않는 부분이 있을 거예요. 그 부분은 밤을 새면서 암기하는 것이 아닌, A4 용지의 절반 분량으로 정리해 두고 잠에 들어요. 그리고 시험 당일에는 평소 일어나던 시간보다 1시간 일찍 일어나서 전날 밤 만들어 두었던 암기 종이를 꺼내 외워요. 참 신기하게도 어젯밤에는 아무리 노력해도 외워지지 않았던 것들이 시험장에 들어가기 직전에는 잘 외워지는 마법이 일어나요.

15

공부의 숲 가꾸기

공부의 숲 주민 여러분의 시험을 응원하며 구슬쥬 이장이 여러분에게 합격 부적을 하사합니다. 여러분만의 부적도 만들어 보세요. 공부한 모든 노력이 빛을 발하리라! 얍!

시험 당일: 시험지는 이 순서대로 풀어요

　시험 당일에 실수로 계산을 잘못했거나 문제를 잘못 읽은 경험, 또는 문제를 잘 풀었지만 마킹을 잘못해서 문제를 틀렸던 적이 있지요? 아는 문제를 틀리는 것만큼 시험에서 억울한 일은 또 없을 거예요. 저 또한 중학생 때 과학 시험에서 어이없는 마킹 실수로 가채점했던 점수보다 20점이나 낮은 점수를 받은 적이 있어요. 올바르게 풀고 정답을 맞힌 문제들을 깜빡하고 OMR 카드에 표기하지 않았던 거지요. 그 이후로는 절대 마킹 실수를 하지 않기 위해 노력했어요. 시험지의 맨 마지막 장에 적힌 '수고하셨습니다.'라는 문장을 확인하고 각 문제 번호와 OMR 카드에 표기한 순서가 맞는지를 꼭 확인하는 습관이 생겼지요.

　시험을 보다 보면, 누구나 실수하는 순간은 와요. 이 글을 보고 있는 여러분도 혹시나 본인의 실수로 마음 아파하고 있다면 꼭 이렇게 말해주고 싶어요.

　'지금의 실수를 발판 삼아, 다음 시험에서는 실수를 줄이는 여러분만의 노하우를 만들면 돼요!'

뼈아픈 구슬쥬의 경험으로 완성된 시험지 검토 방법을 여러분에게 공유할게요. 시험지를 어떤 순서로 풀고 어떻게 검토하느냐에 따라 시험 점수는 적어도 5점에서 많게는 20점까지 차이가 나요. 시험 전에 이 글을 꼭 읽고 실천하세요.

1단계: 헷갈리는 문제는 별표 치고 넘어가기

보통 시험지를 받으면 앞에서부터 문제를 풀기 시작하지요. 1~5번까지 비교적 쉬운 문제를 푼 다음 뒷장으로 넘어가 6번을 푸는데, '음…… 정답이 3번인가? 4번인가?' 하며 무엇을 골라야 할지 고민이 돼요. 그럴 때는 문제에 별표를 크게 치고 고민되는 두 선지를 표시한 뒤 다음 문제로 넘어가세요. 시험 시간은 한 문제를 붙잡고 고민하는 동안에도 계속 흘러가고 있으니까요. 헷갈리는 한 문제 때문에 아는 문제들까지 못 풀게 되는 사태가 발생하면 안 되겠지요?

지금까지 시험공부를 착실히 했다면 모르는 문제는 3개 내외일 거예요. 그 문제들은 잠시 넘겨두고 시험 문제 중에 큰 어려움 없이 술술 풀리는 문제들만 우선 쭉 풀어요. 답이 바로 보이는 문제들을 모두 풀고 나면 시간이 아직 남았을 거예요. 그럼 다음 단계로는 무엇을 해야 할까요? 대부분의 학생이 '별표 해둔 문제를 다시 돌아가서 풀어요!'라고 답할 거예요. 하지만 땡! 틀렸어요.

2단계: 완벽히 풀었던 문제들 검토하기

별표 쳤던 문제를 다시 푸는 게 아니라, 내가 이제까지 풀었던 문제를 검토해요. 완벽히 아는 문제인데 실수로 틀리면 그것만큼 또 억울한 게 없지요. '옳은 것을 고르시오.'인데 옳지 않은 것을 골랐다거나, 자잘한 계산 실수가 있는 것들을 모두 잡아내야 해요. 이렇게 한 번 푼 문제들을 쭉 검토하면서 실수들을 모두 잡아냈다면, 그다음은 무엇을 해야 할까요?

3단계: 검토 끝낸 문제는 답안지 마킹하기

알고 있는 문제를 정확하게 풀었고 검토까지 완료했다면 마킹을 해요. 마킹 실수는 대부분 시간이 촉박해질 때 긴장감 때문에 발생해요. 그래서 시간이 충분한 지금, 정답을 아는 문제 먼저 차근차근 마킹해요. 서술형 답도 OMR 카드에 꼼꼼하게 옮겨 적고요.

이 단계까지 완료했다면 내가 모르는 문제(별표 친 문제)만 제외하고 확실히 점수를 획득했지요? 그리고 시계를 확인해 보면 시험이 끝나기까지 10분 정도 남아 있을 거예요. 이제 여러분은 아는 문제를 정확히 푼 상태이기 때문에 마음이 편하고요. 이제 드디어 '별표 친 문제'를 풀 시간이에요.

4단계: 별표 친 문제를 풀고 하나씩 마킹하기

마지막 10분이 남은 이 시간에는 별표 해두었던 문제를 하나씩 풀면서 바로 마킹해요. 아는 문제를 완벽히 풀고 마킹까지 완료한 상태이기 때문에, 이전에는 긴장해서 보이지 않았던 정답이 보이기 시작할 거예요. 하지만 그래도 못 푸는 문제가 있을 수도 있어요. 시험문제에는 항상 상위권 학생들의 등수를 가르기 위한 킬러 문제가 숨어 있기 때문이지요. 아무리 열심히 공부했어도 이러한 초고난도 문제는 도저히 풀리지 않을 수 있어요. 고등학생 3년 내내 내신 1~2등급을 유지한 저 역시도 시험지를 받고 모르는 문제가 하나씩 있었는걸요. 하지만 이럴 때 쓰는 구슬쥬만의 특급 노하우가 있지요.

5단계: 도저히 손댈 수 없는 문제는 한 번호로 찍기

제가 대학교에서 교사 양성을 위한 교직 이수 과정을 거치며 깨달은 시험지의 비밀이 있어요. 바로 어느 과목이든 시험 문제의 정답은 1번부터 5번까지의 객관식 번호가 골고루 분배된다는 점이에요. 학교 선생님들은 시험 문제를 낼 때 정답 선지의 비율을 비슷하게 맞추세요. 그러니 도저히 풀지 못하고 답을 찍어야 하는 문제들이 있다면, 우선 지금까지 마킹한 선지들 중에서 가장 개수가 적은 한 번호를 정해요. 그리고 남은 문제들은 모두 그 번호로 정답을 기입해요. 전체 정답 개수는 비슷하게 맞춰져 있는데 한 번호만 유독 적게 마킹 되어 있다면 그 번호가 나머지 문제의 정답일 확률이 높아지겠지요. 그러니 도저히 정답을 모르겠거나 시간이 부족해서 풀지 못한 문제는 정답 번호를 여러 개 갈팡질팡하며 분산하지 말고 하나로 찍어요.

시험을 무사히 마무리한 여러분에게 박수를 먼저 보냅니다.
4주 동안 열심히 공부한 여정을 힘껏 응원해 주고 싶어요.

누군가는 원하는 만큼의 성적을 받아서 기뻐하고 있을 수도, 누군가는 아쉬운 점수를 받아 속상해하고 있을 수도 있겠지요. 하지만 이 글을 마주한 여러분이 명심해야 하는 사실이 있어요.
시험이란 과정을 한 번씩 거치면서 내면의 단단함이 쌓여가고 있다는 것, 전쟁을 잘 치르고 돌아온 여러분은 멋지고 빛나는 존재라는 것, 이번 과정을 통해 스스로 더 강인해졌다는 것.

당장은 공부에 쏟은 노력이 아무런 의미가 없다고 느껴질지라도 안 보이는 내면 깊숙한 곳에는 그 노력의 진가가 천천히 피어오르고 있다는 사실을 알려주고 싶어요. 언제가는 반드시 그 노력과 실력이 빛을 보는 순간이 와요.

그날을 위해 우리는 오늘 하루에 최선을 다하는 거예요. 꾸준히 나아가다 보면 지금의 노력이 헛된 고생이 아니었음을 깨닫게 될 거예요.

여러분의 매일을 응원하며,
구슬쥬 이장 드림

여러분이 공부하면서 자주 하는 고민을 이곳에 모두 모았어요.

친구 관계 문제는 물론 체력 관리, 진로 등 학교생활 전반에 대한 고민까지!

그동안 혼자 끙끙 앓았던 고민을 속 시원하게 뚫어줄

구슬쥬 이장의 답변을 살펴봅시다.

ZIP. 4

여러분의 고민을
해결해 드립니다

10

공부의 숲 주민들을 위한
구슬쥬 이장의 해답

Q 1

친구가 필기를 보여 달라고 하면 어떻게 해야 할까요?

공부의 숲 고민 상담 게시판

'공부의 주인' 님이 남겨준 고민입니다.

"제가 진짜 열심히 필기한 걸 친구가 빌려달라고 해요. 친한 친구 사이이니 빌려줘야 한다고 생각하긴 하지만 왠지 꺼림해요."

　공부의 숲에서 열심히 공부하는 주민이라면 한 번쯤 겪어본 일일 거예요. 내가 열심히 필기한 노트나 교과서를 빌려달라는 친구의 말을 들으면 왠지 내 노하우를 알려주는 느낌이 들어 망설이게 돼요. 필기를 보여주지 않으면 친구가 서운해할까 봐 고민되기도 하고요. 그런데 분명한 사실은 내 필기를 친구에게 모두 보여줘도 그 친구는 절대 나의 성적까지 따라올 수는 없다는 거예요. 그 이유를 하나씩 풀어볼게요.

첫째, 직접 정리하지 않고 남에게 얻은 정보는 결코 제대로 흡수할 수 없어요. 나만 알고 필기해 두었던 정보를 친구에게 빌려주면 내가 손해를 보는 것이라고 생각할 수 있지만, 필기의 본질은 '정보'가 아닌 '정리'예요. 글에 담긴 내용은 친구가 가져갈 수 있어도 필기하는 과정을 통해 알게 된 나의 뇌 알고리즘까지 가져갈 수는 없어요.

정보는 문제집에서도, 학교 선생님이 주시는 프린트에서도, 인강에서도, 학원에서도 얻을 수 있어요. 하지만 그것을 천천히 곱씹으며 내 것으로 만드는 과정이 있어야만 비로소 성적이 오르는 거지요. 여러분이 친구에게 준 것은 단지 정보일 뿐이에요. 그것을 자신의 것으로 흡수할 수 있는가, 없는가는 친구에게 달린 것이지요. 그런데 이렇게 평소에는 수업을 열심히 듣지 않다가 시험 기간마다 필기만 빌리는 학생이라면 과연 그 정보를 꼼꼼히 다시 읽고 공부할까요? 시험이 코앞이니 급히 뭐라도 공부해야겠다는 마음에 필기만 우선 베껴갔을 테지요. 이런 학생들은 여러분의 소중한 필기를 제대로 활용하지 못해요. 그러니 기꺼이 필기를 보여줘도 괜찮아요.

다만 필기 노트나 교과서를 빌려줄 때는 반드시 마감 기한을 정하세요. '나는 수요일까지 국어 교과서가 필요하니까 그날까지 꼭 돌려줘.'라고 이야기하는 거예요. 그러면 친구도 '○○(이)에게 교과서를 내일까지 돌려주기로 했으니까 오늘 빠르게 옮겨 적고 줘야겠다.' 하고 필기를 기한에 맞춰 돌려줄 거예요. 이런 과정이 바로 친구 관계를 더 건강하게 만드는 대화 기술이에요. 그리고 함께 정한 약속을 지키면서 더 돈독한 사이가 돼요.

부모님이 원하는 진로대로
가는 게 맞을까요?

공부의 숲 고민 상담 게시판

'1등급가자' 님이 남겨준 고민입니다.

"저는 문과로 진학하고 싶은데 부모님은 전망을 생각해서
이과로 진학하기를 권하세요. 만약 그 뜻에 맞춰서 대학교
까지 입학했는데 적성에 맞지 않으면 어떻게 하지요?"

  모든 부모님은 자녀가 유망한 직업을 선택해 안정적인 삶을 살
기를 바라지요. 대부분 원하는 대학에 잘 들어가서 좋은 직장에
취업하고 적당한 나이에 결혼해서 잘 먹고 잘 사는 것이 정석이라
고 생각해요. 그런데 저는 그렇게 생각하는 부모님과 여러분에게
묻고 싶어요.

"여러분에게 좋은 직장은 무엇인가요?"

"'잘 먹고 잘 사는 것'은 어떤 삶인가요?"

  대부분의 사람은 돈을 많이 벌고 안정적인 직장이 좋은 직장이라고 생각해요. 물론 삶을 살아가는 데 급여도 중요해요. 하지만 모두에게 그런 기준이 통하는 것은 아니에요. 우선 저에게 좋은 직장 또는 직업이란 '시간을 자유롭게 쓸 수 있는' 것이에요. 시간은 돈으로 살 수 없는 소중한 가치이니까요. 저는 시간이 자유로운 사람이 진정한 부자라고 생각해요. 아무리 많은 돈을 번다고 해도 일이 너무 바빠 그 돈을 쓸 시간 여유가 없다면 의미가 없지 않을까요?

  저는 흔히들 취업이 어렵다고 말하는 연극영화학과를 졸업했어요. 보통 대학생들은 학교를 다니면서 취업을 위해 토익 점수나 자격증을 준비하지만, 우리 학과에는 그런 친구들이 없었어요. 그 대신 모두 각자 좋아하는 일을 찾기 위해 고군분투했지요. 어떤 친구는 연기 연습을 하면서 실력을 키우고 또 어떤 친구는 공연 연출을 깊이 연구하고 공부했어요. 그렇게 자신의 꿈을 향해 열심히 노력하며 대학 졸업 후에도 다들 자신만의 길을 만들어 나갔지요. 남들처럼 막연히 대기업 취업을 목표로 하는 게 아니라, 자신에게 맞는 인생길을 찾아 발걸음을 내딛은 거예요.

  제가 기존에 다니던 대학교를 자퇴하고 연극영화학과를 가겠다고 선언했을 때 주변 사람들은 모두 저의 미래를 걱정했어요. 나중에 취업하기 어렵지 않겠냐며 말리기도 했지요. 하지만 걱정과 달리 현재 저는 정말 감사하게도 제 재능을 살리고 즐거운 일을 하면서 돈도 벌고 있어요. 무엇보다 제가 좋아하고 잘하는 일을 통해 사회에 긍정적인 영향도 줄 수 있다는 데 가장 큰 보람과 행복을 느껴요.

여러분의 미래를 타인의 생각으로 제한하지 마세요. 사람마다 각자에게 맞는 직무, 삶의 기준은 다르니까요. 미래는 아무도 모르고, 도전하고 직접 부딪히면서 나에 대해 알아가게 되는 거예요. 저도 제가 유튜브 채널을 운영하고 책을 쓰는 작가가 되리라고는 생각해 본 적이 없었어요. 그저 제 앞에 놓인 도전들을 피하지 않았고, 남들이 만들어 놓은 틀 안에 저를 가두지 않았기에 지금의 모든 결과물을 만들 수 있던 것이지요.

빠르게 흘러가는 삶 속에서 여러분의 인생을 채워가는 건 각자의 선택들이에요. 세상에 정답은 없고 오롯이 나의 선택만 있다는 걸 기억하세요. 어떤 선택이든 여러분의 재능이 발휘되는 길을 걷기를 바라요.

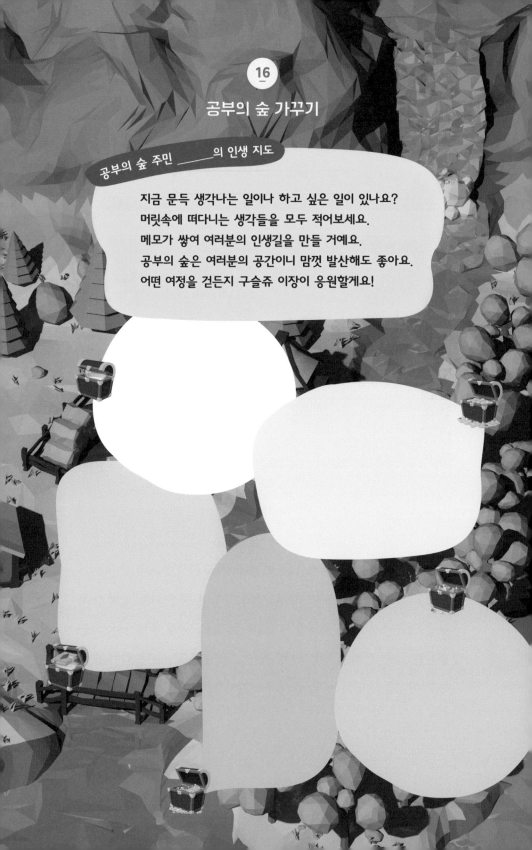

16

공부의 숲 가꾸기

공부의 숲 주민 _____의 인생 지도

지금 문득 생각나는 일이나 하고 싶은 일이 있나요?
머릿속에 떠다니는 생각들을 모두 적어보세요.
메모가 쌓여 여러분의 인생길을 만들 거예요.
공부의 숲은 여러분의 공간이니 맘껏 발산해도 좋아요.
어떤 여정을 걷든지 구슬쥬 이장이 응원할게요!

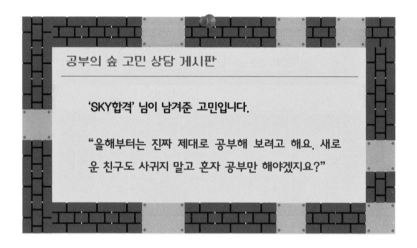

공부의 숲 고민 상담 게시판

'SKY합격' 님이 남겨준 고민입니다.

"올해부터는 진짜 제대로 공부해 보려고 해요. 새로
운 친구도 사귀지 말고 혼자 공부만 해야겠지요?"

　새 학기가 시작될 때 특히나 많이 하는 고민 같아요. 친구 관계
보다 공부에 더 집중해야겠다고 다짐하는 거요. 그런데 과연 친구
관계를 완전히 접고 혼자 공부만 하는 게 가능할까요? 그러면 성
적에 더 도움이 될까요? 학생 때는 꼭 공부와 친구 관계 중에서 하
나만 선택해야 하는 걸까요? 그렇지 않아요. 공부에 도움이 되는
건강한 친구 관계를 만드는 방법을 소개할게요. 바로, 함께 공부
하고 미래를 준비하는 'study mate'를 만드는 거예요.

공부와 친구 관계를 분리해서 생각하지 말고 공부를 함께할 수 있는 친구를 만들어요. 수업 시간에 놓친 필기가 있다면 서로 보완해 주고, 함께 공부하며 성장할 친구를 만드는 거예요. 대부분 여기까지 이야기를 들으면 나와 성적이 비슷한 친구를 찾아 함께 공부해야겠다고 생각해요. 하지만 오래 함께하는 관계를 만들고 싶다면 여러분과 성적 차이가 있는 친구와 함께하기를 추천해요. 성적대가 비슷하면 자연스레 비교하는 마음이 생겨서 괜히 그 친구가 미워지거나 집중력이 흐트러지게 되거든요.

그렇다고 나와 비슷한 점수대의 친구를 배척하라는 이야기가 아니에요. 그런 친구와는 공부 메이트보다는 선의의 경쟁자가 되는 거예요. 이를 통해 서로 성장할 수 있지요. 또 함께 공부하는 친구나 선의의 경쟁자 외에도 내가 닮고 싶은 친구, 취미 생활을 공유하는 친구 등 다양한 관계를 맺을 수 있어요.

만약 여러분이 상위권 성적을 지녔다면, 아직 성적이 높지는 않지만 열심히 공부하는 친구와 친해져 보세요. 여러분은 자신이 아는 것을 설명하고 가르쳐 주면서 다시 한 번 공부할 수 있는 기회가 되어 좋고, 배우는 친구는 여러분의 노하우를 흡수하며 성장할 수 있어 좋아요. 서로 좋은 시너지가 생기는 거예요.

저는 중학생 때 열심히 노력했지만 성적은 잘 나오지 않았어요. 그때 공부를 잘하는 친구와 친해진 덕분에 많은 도움을 받을 수 있었지요. 반대로 고등학교 올라가서는 줄곧 상위권 성적이었기에 공부를 열심히는 하지만 성적이 잘 나오지 않아 고민하던 친구와 함께 공부하면서 서로 좋은 영향을 주고받을 수 있었어요. 함께 성장하는 건강한 친구 관계를 이룬 것이지요.

청소년 시기에 겪어야 할 중요한 것 중 하나는 학교라는 작은 사회 속에서 다양한 친구들을 경험하는 거예요. 성인이 되어 더 큰 사회로 나가게 되면 이전보다 훨씬 다양한 사람과 관계를 맺게 되는데, 이때 십 대 시절의 경험이 자양분이 돼요. 친구와의 갈등을 현명하게 풀어본 경험, 친구 때문에 속상한 감정을 지혜롭게 말해본 경험 모두 나중에 더 건강한 인간관계를 쌓기 위한 연습이랍니다!

Q4
공부하면서 살이 너무 쪄서 걱정이에요

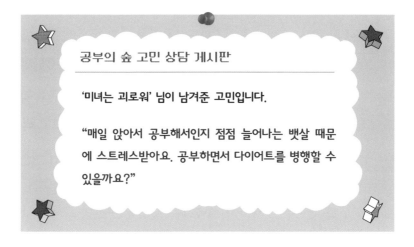

공부의 숲 고민 상담 게시판

'미녀는 괴로워' 님이 남겨준 고민입니다.

"매일 앉아서 공부해서인지 점점 늘어나는 뱃살 때문에 스트레스받아요. 공부하면서 다이어트를 병행할 수 있을까요?"

'학교-학원-집'을 반복하며 앉아 있는 시간이 많아지니 어느새 배가 점점 나오고 허벅지가 펑퍼짐해지고 있나요? 저도 고등학생 때 나날이 최고 몸무게를 경신하면서 스트레스를 받았던 기억이 납니다. 주변에서 '나중에 대학교에 가면 살은 다 빠져~'라고는 하지만, 살이 너무 많이 쪄서 건강을 잃을 정도가 되면 안 되겠지요. 건강을 관리하는 것도 공부를 잘하기 위한 조건 중 하나니까요. 지금부터 제가 온갖 다이어트 방법을 직접 시도해 보면서 터득한

'수험생 다이어트'의 3가지 기준을 소개할게요.

(1) 극단적인 다이어트 말고, 천천히 차근차근!

제가 한창 다이어트에 관심이 있을 때 '디톡스 다이어트'가 유행이었어요. 3일 동안 다른 음식은 일체 먹지 않고 디톡스 주스만 마시며 빠르게 살을 빼는 방식이지요. 그래서 저도 따라 실천해봤는데, 1~2일차에는 그나마 견딜 만했지만 3일차가 되니 온몸에 힘이 없고 공부에 집중이 안 되었어요. 계속 음식 생각만 나고 작은 일에도 신경질을 내며 예민해졌지요. 그렇게 3일차가 끝나고 먹고 싶은 음식을 다시 먹으니 원래의 몸무게로 돌아오더라고요. 그간의 노력이 모두 물거품이 되었다는 생각에 스스로 더 실망하고 스트레스를 받았어요.

이런 과정을 경험하고 깨달은 게 있어요. 무언가를 빠르게 얻고자 하면 반대로 빠르게 잃을 수도 있다는 것이에요. 그리고 이런 과정을 반복하면 자존감이 낮아질 수도 있다는 교훈도 얻었지요. 건강한 다이어트는 살도 꾸준히 빠지며 공부에도 집중할 수 있는 방식이어야 해요. 그래야 건강과 자존감을 모두 얻을 수 있어요. 혹시 지금 여러분도 다이어트 때문에 공부를 방해받고 있다면 이번 글을 끝까지 읽으며 지금 시도하고 있는 다이어트 방법을 점검해 보세요.

청소년기에 살이 찌는 주된 범인은 패스트푸드인 경우가 많아요. 시험이 끝나면 기념으로 친구들과 피자나 치킨을 자주 먹기도 하고, 학교나 학원을 마치고 패스트푸드점에 가서 햄버거를 먹거나 핫도그, 빵을 사 먹고는 하지요. 여러분도 알고는 있겠지만 패스트푸드는 우리 몸의 혈당을 빠르게 올리고 또 빠르게 떨어뜨려서 몸을 더 피곤하게 만들어요. 즉 공부 집중력에도 방해되는 것이지요.

몸과 머리를 맑게 하고 집중력을 높이기 위해서는 패스트푸드 대신 단백질과 채소로 영양소를 채워야 해요. 대표적인 단백질 음식으로는 두부, 두유와 같이 콩으로 만든 음식과 달걀이 있어요. 특히 평소 채소를 따로 챙겨 먹기가 쉽지 않다면 집에서 식사할 때만이라도 쌈 싸먹는 습관을 들여보세요. 깻잎이나 상추와 같은 채소에 밥을 싸먹으면 포만감도 채우고 몸속의 독소를 배출하며 혈액 순환에 도움이 돼요. 상추를 먹으면 졸음이 온다는 이야기도 있는데, 그건 상추를 100장 이상 먹었을 때의 일이니 걱정 마세요. 하루에 10장 정도는 상추의 식이섬유 덕분에 배변 활동에도 도움이 돼요. 몸을 특히나 잘 움직이지 않는 수험생에게 아주 알맞지요.

더불어 학교나 학원에서 먹을 수 있는 간단한 간식으로는 두유와 견과류를 추천해요. 두유 중에서도 단백질 함량이 10g 이상인 제품을 선택하세요(더불어 당도 10g 미만인 두유를 골라요!). 그리고 적당한 견과류는 두뇌 회전에도 도움이 돼요. 단백질과 채소 중심의 영양가 있는 식단으로 식사하고 두유와 견과류로 건강한 간식을 먹으면 어느새 살도 조금씩 빠지고 건강해지는 걸 느낄 수 있을 거예요.

(3) 매일 30분 운동(스트레칭)은 필수

혹시 여러분은 현재 중학생인가요? 그렇다면 운동을 한 가지 정도 정해서 꾸준히 하기를 추천해요. 농구나 배드민턴과 같은 스포츠클럽에 가입해서 활동해도 좋고 방송 댄스나 요가, 필라테스를 배워도 좋아요. 일주일에 약 2~3번씩 운동에 시간을 쓰면서 성적에 긍정적인 영향을 얻는 경험을 하길 바라요. 그래야 고등학생 때도 나의 몸을 건강하게 지키며 공부하는 습관을 들이기가 수월해요.

저는 중학생 때까지 일주일에 2번씩 댄스 학원에 다녔어요. 저에게 춤추는 시간은 공부로 지친 몸과 마음을 치유하는 순간이었지요. 평소에는 댄스 학원에 가 있는 동안 공부를 못하니 더 집중해서 공부하고, 춤추며 얻은 활력으로 공부가 더 잘되었지요. 물리적인 시간만 놓고 보면 운동하느라 공부를 못하니 성적이 떨어져야 맞는데, 학년이 점점 올라갈수록 성적은 더 급격하게 올라갔어요.

만약 현재 여러분이 고등학생이라면 따로 시간을 내어 운동하는 게 어려울 수도 있어요. 그럴 때는 집에서 유튜브로 홈 트레이닝 영상을 틀어놓고 하루 30분 만이라도 따라 해보세요. 온종일 책상 앞에 앉아 있는다고 집중이 잘되는 것도 아니고, 오히려 몸을 움직이지 않아 체력이 약해져서 공부하기가 힘들 거예요. 다이어트뿐 아니라 두뇌 회전에도 도움이 되는 하루 30분 운동(스트레칭)을 실천하면서 공부 능률을 높이세요.

혹시나 이 글을 보고 다이어트를 시작하려는 주민들!
지금 여러분의 모습도 충분히 예쁩니다.
남과 비교하면서 여러분의 가치를 떨어뜨리지 말고
몸과 정신의 건강을 챙기며 활기찬 하루하루를 보내요.

17

공부의 숲 가꾸기

공부의 숲 운동회 날

오늘은 함께 운동하면서
몸과 마음의 활력을 되찾아 볼까요?

※ 운동하면 안 되는 몸 상태이거나
컨디션이 좋지 않은 주민은
'다음에 할래'를 선택하세요.

[운동하고 머리 맑아질래]   [다음에 할래]

어떤 운동을 할 것인지 자유롭게 정해보고
운동하는 모습을 구슬쥬 이장에게 공유해 주세요.
(📷 인스타그램 #공부의숲운동루틴, @gong_joostudy 스토리 태그)

무슨 운동?

일주일에 몇 회?

주변의 시선이 너무 신경 쓰여요

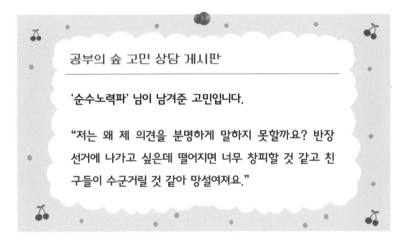

공부의 숲 고민 상담 게시판

'순수노력파' 님이 남겨준 고민입니다.

"저는 왜 제 의견을 분명하게 말하지 못할까요? 반장 선거에 나가고 싶은데 떨어지면 너무 창피할 것 같고 친구들이 수군거릴 것 같아 망설여져요."

학교생활을 하다 보면 왠지 주변의 시선이 신경 쓰여서 도전을 망설이게 되는 경우가 있어요. 저도 그랬지요. 제가 혹시나 실수하면 친구들 사이에서 소문이 날까 봐, 이상한 아이로 낙인될까 봐 눈치를 보고 움츠러들었어요. 내 생각을 분명하게 표현하거나 반장 선거에 나가려 할 때 머뭇거리게 되는 이유는 실수와 실패가 두렵기 때문이에요. 더 정확히는 나의 실수와 실패를 보고 남들이 어떻게 평가할지가 두려운 거지요.

반대로 질문해 볼게요. 여러분은 다른 친구들의 실수를 모두 기억하나요? 친구가 말실수를 했던 일, 발표를 잘 못했던 일과 같은 것들이요. 바로 기억나지 않지요? 내 인생에 중대한 순간들이 아니기 때문에 깊이 간직하지 않고 있어서 그렇답니다.

사람들은 누구나 실수를 해요. 하지만 생각보다 남들은 나의 실수에 관해 관심을 갖거나 깊이 기억하지 않아요. '그런가 보다~' 하고 대수롭지 않게 넘기지요. 오히려 여러분의 적극적인 태도와 도전 정신에 감동하고 부러움을 느낄 수도 있어요. 다른 사람에게 피해를 주거나 누가 보기에도 잘못된 일을 하는 것이 아니라면, 여러분이 하고 싶은 말과 행동을 하면서 사세요.

청소년 시기뿐 아니라 성인이 되어도 주변의 눈치를 보게 되는 순간들이 자주 찾아온답니다. 그럴 때마다 스스로에게 이렇게 물어보세요.

'내가 도전하려는 이 일이 남에게 엄청난 피해를 주는 잘못된 행동인 걸까?'
'이 일에서 실수(실패)하면 내 생명에 위협이 될까?'

이 2가지 질문에 스스로 답해보면, 도전 후에 맞이할지도 모를 실수와 실패가 작게 보이고 '한번 해보지, 뭐!' 하는 용기가 생길 거예요. 그러니 도전에 두려움이 생기거나 망설여질 때는 이 2가지 질문을 스스로에게 던져보세요. 그리고 주문을 거는 거예요.

'아무리 실수한대도, 남들의 머릿속엔 스쳐 지나가는 한순간일 뿐이야! 도전하는 삶이 더 멋져!'

바쁜 수험 생활 속
똑똑하게 책 읽는 방법

공부의 숲 고민 상담 게시판

'샤대26학번' 님이 남겨준 고민입니다.

"내신 대비, 모의고사, 수행평가, 동아리⋯⋯.
할 게 너무 많은데 책까지 언제 읽어요?"

청소년기에 독서가 중요하다는 말은 주변에서 익히 듣지만, 사실 학교생활을 하고 학원도 다니면서 책을 많이 읽기란 쉽지 않아요. 독서가 아무리 성적 향상에 도움이 된다고는 해도 시간을 따로 내어 책을 읽기에는 왠지 비효율적이라는 생각이 들 거예요. '책 읽을 시간에 차라리 다른 과목 공부를 하는 게 낫지 않나?' 하는 의문이 들기도 하고요. 학교에서 전교권 성적을 받는 친구들은 대체 언제 책을 읽는 걸까요?

한 가지 알아야 하는 사실은 고등학교에서 전교권 성적을 지닌 학생들은 책을 완독하지 않는다는 점이에요. 책의 전체 내용을 깊이 있게 읽기보다는 본인에게 필요한 부분만 찾아 효율적으로 읽어요. 책을 완독하는 것이 나쁘다는 뜻이 아니에요. 다만 고등학생 3년 동안 대학 입시를 위해 준비해야 할 것이 많은 상황이니 책도 그중 하나의 요소로서 효율적으로 시간을 써야 한다는 거예요.

만약 현재 여러분이 초등학생이나 중학생이라면 책 읽기에 많은 시간을 써도 돼요. 다양한 분야의 책을 골라 읽으며 세상을 간접 경험하기도 하고 상상의 날개를 달면 좋지요. 하지만 지금 고등학생이라면 이제는 여러분의 진로 방향을 집중해서 고민해야 할 시기예요. 당장 3년 뒤에는 대학 입학이라는 새로운 관문이 기다리고 있으니 그전까지 우리는 시간을 효율적으로 쓰며 미래를 설계해 가야지요. 지금부터 우리에게 주어진 3년 동안 책을 통해 꿈을 구체화해 나가며 대학 입학에도 도움이 될 5단계 방법을 소개할게요.

1단계: 내가 원하는 진로·진학 계열 선택하기

고등학생 3년 동안의 활동은 대학 입시에 직결되기 때문에 자신이 관심 있는 진로 분야를 선정해야 해요. 혹시나 '저는 꿈이 없는데요……'라며 막막해하는 학생들은 51쪽에 가서 구슬쥬 이장이 보낸 편지를 먼저 읽고 오세요.

세상에는 정말 다양한 직업과 직무가 있지만 지금 여러분은 그 많은 것들을 모두 다 알지는 못해요. 나중에 대학교에 진학하거나 성인이 되어 더 큰 세상에 나왔을 때 하나씩 발견하게 되지요. 그렇기에 지금 정하는 진로 계열이 나의 평생을 결정한다는 마음가짐으로 생각하기보다는 성인이 되어 대학교에 다니는 4년 동안 배우고 싶은 분야를 정한다는 생각으로 고민해 보면 현재 여러분의 관심사나 꿈에 대한 답이 쉽게 보일 거예요.

여러분은 어떤 학교, 학과에 진학하고 싶은가요? 대학교 홈페이지에 들어가 보면 학과마다 어떤 학문을 배우고 연구하는 곳인지 자세히 적혀 있어요. 학교와 학과에 대한 설명을 찾아 살펴보고, 여러분의 진로 계획을 세워보세요.

1단계 희망하는 학교와 학과를 적어보세요.

1 _____

2 _____

3 _____

자신이 희망하는 진로 분야를 정했다면, 해당 키워드를 '교보문고, 예스24, 알라딘' 등과 같은 온라인 서점에서 검색해 보세요. 예를 들어 '미디어, 브랜드' 분야에 관심이 있다면, 그 단어들을 온라인 서점 검색창에 검색해서 관련 책을 찾아보는 거예요. 이때 한 권씩 내용을 꼼꼼히 살펴보지 않아도 돼요. 검색된 책들의 제목과 표지, 내용 설명 부분을 쭉 훑어보면서 읽을 책을 선정하세요.

읽을 책을 고를 때는 소설이나 시 같은 문학이 아니라, 정보 전달의 특징을 지닌 책으로 고르세요. 우리가 지금 책을 고르는 이유는 필요한 정보를 얻기 위함이니까요.

2단계 나의 관심 분야에 해당하는 책을 찾아 제목을 적어보세요.

1 ＿＿＿＿＿＿＿＿＿＿＿＿＿＿＿＿＿＿＿＿＿＿

2 ＿＿＿＿＿＿＿＿＿＿＿＿＿＿＿＿＿＿＿＿＿＿

3 ＿＿＿＿＿＿＿＿＿＿＿＿＿＿＿＿＿＿＿＿＿＿

3단계: 차례를 훑으며 관심 가는 부분만 읽기

관심 가는 책을 찾았어도 그 한 권을 통째로 다 읽지 않아도 돼요. 완독에 절대 목숨을 걸지 마세요. 생활기록부는 여러분이 얼마나 많은 책을 읽었는지를 나열하는 공간이 아니니까요. 어떤 책을 왜 읽었고 그것을 통해 어떤 부분에 호기심이 생겼는지를 담아야 해요.

읽고 싶은 책을 정했다면 한 권씩 차례를 펼쳐 읽어요. 차례에서 눈길이 가는 파트가 있다면 그 책을 직접 구입하거나 서점에 가서 해당 파트의 내용을 골라 읽는 거예요. '도서 검색 → 차례 확인 → 호기심 해소'의 과정으로 책을 찾아 읽으면서 관심 분야에 대한 지식을 쌓아요.

3단계   앞서 고른 책의 차례를 보고, 호기심을 자극한 파트 제목 3개를 적어보세요.

1 _____

2 _____

3 _____

차례에서 고른 3개 파트에 해당하는 내용을 읽으면서 떠오르는 생각이나 아이디어를 기록하세요. 특히 글을 읽으며 머릿속에 떠오르는 질문들에 답하고 스스로에게 적용해 보기도 하면서 꿈을 구체화해요. 예를 들어 공연을 보는 게 좋아서 공연 기획자라는 꿈을 위해 공연 기획과 연출에 관련된 책을 읽었을 수 있어요. 그리고 책에서 한국 연극의 해외 공연 사례들을 읽고 나서 다음과 같이 구체적인 생각을 정리할 수 있겠지요. 이런 구체화 과정이 모두 생기부를 채우는 소재가 돼요.

'뮤지컬 「태양의 서커스」는 세계 곳곳에서 공연하는구나. 작년에 한국에서도 했었는데 말이야! 글로벌한 공연이 되려면 언어의 장벽을 허물 수 있는 공연을 기획하는 게 좋겠다. 그런데 우리나라에서 하는 공연들은 거의 다 한국어뿐이네? 나는 탈춤을 서커스처럼 기획해서 글로벌하게 공연을 다니고 싶어.'

지금까지 살펴본 4단계까지의 과정은 비교적 여유 시간이 있는 방학 기간에 끝내두기를 추천해요. 학기 중에는 내신 시험 준비,

모의고사 준비, 수행평가, 동아리 활동 등으로 바빠 진로에 관해 깊이 있게 고민하고 책을 찾아 읽으며 생각을 정리할 시간이 부족할 테니까요. 방학 때 적어도 여러분의 진로와 관련 있는 책을 약 3~5권 찾아서 생기부 소재를 준비해 두면 학기 중 공부에 쏟을 수 있는 시간을 더 확보할 수 있겠지요?

4단계 차례에서 호기심을 자극한 3개 파트의 내용을 읽고, 새로 알게 된 사실이나 정보를 요약해서 적어보세요.

1 _____

_____

2 _____

_____

3 _____

_____

5단계: 소재를 활용해 생기부 채우기

학교에서 '나의 꿈 발표 대회'와 같은 진로 관련 행사가 진행되기도 하고, 수업 시간에 자신의 진로에 관해 발표하는 시간이 주어질 때도 있어요. 이때 앞서 4단계까지 준비해 놓은 '생기부 소재'를 활용해서 발표하면 합격으로 가는 생기부가 완성돼요. 책을 통해 조사한 자료들을 함께 발표에 활용하면 더 양질의 발표가 되겠지요.

학교 수업 시간에 진로와 관련하여 발표할 순간이 왔다면, 우선 앞서 저장해 둔 생기부 소재들을 꺼내 살펴봐요. 그리고 교과서 차례와 연계할 수 있는 생기부 소재를 고르고, 기사나 논문 등 발표를 더 풍성하게 만들어 줄 관련 자료를 검색해서 함께 정리해요.

생기부 소재를 더 풍성하게 얻는 꿀팁

✦ 학술연구정보서비스(RISS) 사이트에 들어가서 여러분의 생기부 소재를 검색하면 심도 있는 보고서와 논문을 찾을 수 있어요. 온라인 서점에서 키워드 검색을 했던 것처럼, 논문 제목들을 쭉 보면서 여러분의 생기부 방향과 일치하는 정보를 골라요. 논문의 내용을 모두 읽지 않아도 논문 제목을 통해 해당 분야에서 자주 쓰는 연계 키워드들을 발견할 수 있어요.

1) 미디어 분야 직무에 관심이 많아 영화 산업과 관련된 책을 검색함.

2) 그 중에서도 마블 스튜디오의 영화 시리즈에 대한 내용에 더 흥미가 생김.

3) 이후 학술연구정보서비스(RISS)에서 '마블'을 검색함.

4) 논문 제목에 '마블코믹스, 마블 시네마틱 유니버스, 마블과 DC코믹스'라는 연계 키워드를 발견함.

5) 연계 키워드들을 '구글, 네이버, 유튜브' 등에 검색하여 더 다양한 자료와 정보를 살펴봄.

6) 그 중 발표 주제와 연관 있거나 흥미로운 자료를 골라 진로 발표 자료를 준비함.

이렇게 여러분의 진로와 관련하여 발표할 때, 연계 키워드와 자료까지 폭넓게 활용하면 더 신뢰감 있고 깊이 있는 내용을 완성할 수 있습니다. 어디서 본 듯한 뻔한 내용이 아니라 여러분만의 이야기와 새로운 정보가 담긴 것이니까요. 무엇보다 자료를 찾는 과정은 여러분의 꿈을 더 구체화하고 확장하는 경험으로 남을 거예요. 간단히 키워드를 검색하고 빠르게 훑으면서 굳이 오랜 시간을 들이지 않아도 충분히 합격을 받을 수 있는 생기부를 완성할 수 있어요.

공부 압박에서 벗어나고 싶어요

공부의 숲 고민 상담 게시판

'공부잘하고싶다' 님이 남겨준 고민입니다.

"'공부 좀 해. 이래서 나중에 뭐 먹고 살래?'라는 식의 말을 들을 때마다 너무 스트레스받아요. 그런데 공부 잘하는 제 친구는 주변에서 '너는 공부를 잘하니까 좋은 대학에 가겠다.'라는 말을 너무 자주 들어서 스트레스받는대요. 하……. 그냥 공부에서 벗어나고 싶어요.

공부하다 보면 부모님이나 선생님, 지인 등 주변 사람들의 응원과 조언이 부담과 압박으로 다가올 때가 있어요. 공부를 계속 열심히 하라는 격려의 의미에서 건넨 말임을 머리로는 이해하지만, 몇 번 반복해서 듣다 보면 오히려 공부가 더 하기 싫어지기도 해요. 특히 한창 예민한 시기인 청소년기에는 주변의 이야기가 마음속에 더 크게 새겨지기도 하고요.

저도 그랬어요. 성인이 된 지금은 주변 사람들의 조언을 들으면 내가 수긍할 것과 아닌 것들을 구분할 수 있지만, 십 대 때는 모든 조언이 맞는 말 같아서 다 들어야 할 것 같았어요. 아무리 노력해도 늘 부족한 것 같고 잘하고 있다는 확신이 들지 않았어요. 그렇게 스트레스가 계속 쌓이니까 공부에 집중도 하지 못하고 지치기도 했어요.

그래서 현재의 구슬쥬 이장이 십 대의 저에게 해주고 싶은 말을 이곳에 한번 적어보려고 해요. 이 글을 읽고, 공부하느라 힘든 시기를 지나고 있는 여러분도 용기를 얻으면 좋겠어요.

주희야.

공부에만 집중하고 싶은데

이따금 들려오는 주변의 이야기에 흔들릴 때가 있지?

남들의 기대에 미치지 못할까 봐 걱정도 되고 말이야.

그렇다고 너무 겁먹을 필요는 없어.

어른들은 너보다 조금 더 긴 인생을 살아온 선배로서

너의 가능성을 보시고 조언과 칭찬을 해주시는 거야.

그게 지금은 너에게 부담감으로 다가오기도 하지만

그들의 의도는 너를 무너뜨리기 위함이 아니라는 사실, 알지?

네가 넘어져도 비난할 사람은 아무도 없어.

어떻게 사람이 실수 없이 항상 잘하기만 하겠어.

어느 날은 운이 나빠 준비한 만큼을 다 못 보여줄 때도 있고,

또 어느 날은 생각보다 성적이 안 나와서 속상할 때도 있을 거야.

넘어져도 다시 일어나는 모습이 더 사람답고 아름다워.

그러니 실수해도 괜찮아.

넘어져도 괜찮아.

그 과정이 있기에 너의 십 대가 더 후회 없이 빛날 거라는

　사실을 기억해.

　　　지금 눈앞에 놓인 모든 여정을 멋지게 해내고

　　　　더 높이 비상할 너를 항상 응원할게!

　　　　　　　　　　　　-20대가 된 구슬쥬가

여기까지 열심히 공부의 숲을 가꾸느라 고생한
여러분을 위해 상장 수여식을 진행합니다.

상 장

공부의 숲 주민 ⋯⋯⋯⋯⋯⋯⋯⋯⋯⋯⋯⋯⋯⋯⋯⋯⋯⋯

위 주민은 공부로 꿈을 향해 나아가는 여정에서
여러 우여곡절을 극복하며 포기하지 않고 마지막까지
성실히 자신만의 공부의 숲을 가꾸었음으로
응원의 마음을 담아 이 상장을 수여합니다.

20 년 월 일 ⋯⋯⋯⋯⋯⋯⋯⋯⋯⋯⋯⋯  공부의 숲 이장 구슬쥬

또 만나요! 공부의 숲

저는 스티브 잡스의 명언으로 유명한 'connecting the dots'라는 말을 좋아해요. 현재는 점에 불과한 하나의 작은 일들이 모여 미래의 결과물을 만든다는 뜻이에요. 아무런 의미가 없어 보이는 일들도 어떻게든 미래에 영향을 미치니, 매 순간 최선을 다해 살아야 하는 것이지요.

저 또한 십 대 때는 제가 12만 수험생의 공부 멘토가 될 줄은, 전국 각지로 강연을 다니며 공부 습관에 관해 이야기해 주는 인생을 살 것이라고는 전혀 생각해 본 적이 없어요.

그런데 꾸준히 저만의 공부 습관을 기르고, 올바른 공부법을 고민하면서 우여곡절을 겪었던 일련의 경험들이 모여 어느새 공부 유튜버라는 기회를 얻을 수 있었지요.

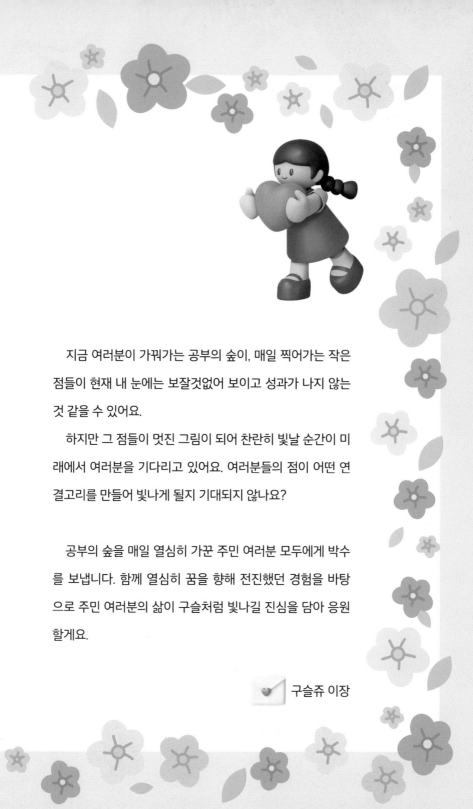

　지금 여러분이 가꿔가는 공부의 숲이, 매일 찍어가는 작은 점들이 현재 내 눈에는 보잘것없어 보이고 성과가 나지 않는 것 같을 수 있어요.

　하지만 그 점들이 멋진 그림이 되어 찬란히 빛날 순간이 미래에서 여러분을 기다리고 있어요. 여러분들의 점이 어떤 연결고리를 만들어 빛나게 될지 기대되지 않나요?

　공부의 숲을 매일 열심히 가꾼 주민 여러분 모두에게 박수를 보냅니다. 함께 열심히 꿈을 향해 전진했던 경험을 바탕으로 주민 여러분의 삶이 구슬처럼 빛나길 진심을 담아 응원할게요.

구슬쥬 이장

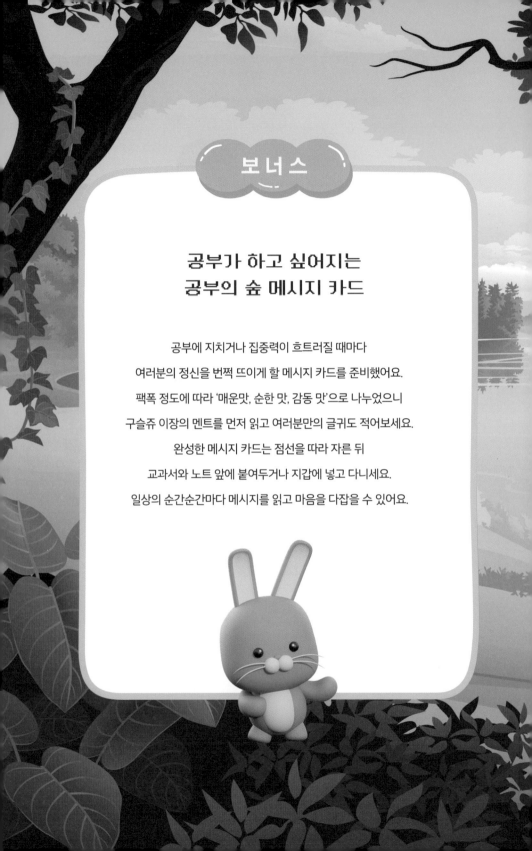

보너스

공부가 하고 싶어지는
공부의 숲 메시지 카드

공부에 지치거나 집중력이 흐트러질 때마다

여러분의 정신을 번쩍 뜨이게 할 메시지 카드를 준비했어요.

팩폭 정도에 따라 '매운맛, 순한 맛, 감동 맛'으로 나누었으니

구슬쥬 이장의 멘트를 먼저 읽고 여러분만의 글귀도 적어보세요.

완성한 메시지 카드는 점선을 따라 자른 뒤

교과서와 노트 앞에 붙여두거나 지갑에 넣고 다니세요.

일상의 순간순간마다 메시지를 읽고 마음을 다잡을 수 있어요.

핸드폰 하며 버리는 시간 4시간, 내 미래를 준비하는 시간 40분. 이미 게임의 패자는 정해졌다.

인생에서 가장 아까운 시간은 아무것도 안 하며 버린 시간이다.

made by. 공부의 숲 주민 _____

made by. 공부의 숲 주민 _____

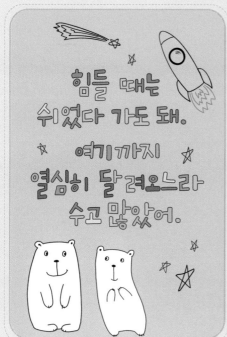

made by. 공부의 숲 주민 _____

made by. 공부의 숲 주민 _____

이 세상에
이유 없는
탄생은 없대.
너의 탄생에는
어떤 이유가
있었을까?

수억 만 년의 우주
역사 속에 너의 존재는
이미 예정되어 있었어.

made by. 공부의 숲 주민 _____

made by. 공부의 숲 주민 _____

10대를 위한 내신 1등급 공략집
구슬쥬네 공부의 숲

초판 1쇄 인쇄 2023년 7월 6일
초판 3쇄 발행 2024년 4월 8일

글 구슬쥬
펴낸이 김선식

경영총괄 김은영
콘텐츠사업2본부장 박현미
기획편집 권예경 책임마케터 오서영
콘텐츠사업7팀장 김단비 콘텐츠사업7팀 권예경, 이한결, 남슬기
마케팅본부장 권장규 마케팅1팀 최혜령, 오서영, 문서희 채널1팀 박태준
미디어홍보본부장 정명찬 브랜드관리팀 안지혜, 오수미, 김은지, 이소영
뉴미디어팀 김민정, 이지은, 홍수경, 서가을, 문윤정, 이예주
크리에이티브팀 임유나, 박지수, 변승주, 김화정, 장세진, 박장미, 박주현
지식교양팀 이수인, 염아라, 석찬미, 김혜원, 백지은
편집관리팀 조세현, 김호주, 백설희 저작권팀 한승빈, 이슬, 윤제희
재무관리팀 하미선, 윤이경, 김재경, 이보람, 임혜정
인사총무팀 강미숙, 지석배, 김혜진, 황종원
제작관리팀 이소현, 김소영, 김진경, 최완규, 이지우, 박예찬
물류관리팀 김형기, 김선민, 주정훈, 김선진, 한유현, 전태연, 양문현, 이민운
외부스태프 디자인 정윤경

펴낸곳 다산북스 출판등록 2005년 12월 23일 제313-2005-00277호
주소 경기도 파주시 회동길 490 다산북스 파주사옥
전화 02-704-1724 팩스 02-703-2219 이메일 dasanbooks@dasanbooks.com
홈페이지 www.dasanbooks.com 블로그 blog.naver.com/dasan_books
용지 아이피피(IPP) 인쇄 민언프린텍 제본 다온바인텍 후가공 제이오엘앤피

ISBN 979-11-306-4466-0 (13370)

다산북스(DASANBOOKS)는 독자 여러분의 책에 관한 아이디어와 원고 투고를 기쁜 마음으로 기다리고 있습니다.
책 출간을 원하는 아이디어가 있으신 분은 다산북스 홈페이지 '투고 원고'란으로 간단한 개요와 취지, 연락처 등을 보내주세요.
머뭇거리지 말고 문을 두드리세요.